LA QUESTION INDIGÈNE

PAR

UN FRANÇAIS D'ADOPTION

VIENNE
IMPRIMERIE L. GIRARD
—
1891

LA
QUESTION INDIGÈNE

PAR

UN FRANÇAIS D'ADOPTION

LOUIS KHOUDJA

A la Commission du Sénat

LA
QUESTION INDIGÈNE

PAR

UN FRANÇAIS D'ADOPTION

VIENNE
IMPRIMERIE L. GIRARD

1891

A Messieurs

LES PRÉSIDENT ET MEMBRES

de la Commission du Sénat

chargée d'étudier les réformes nécessaires

EN ALGÉRIE

MESSIEURS,

Je suis, peut-être, le seul Indigène qui aura osé entreprendre, dans ce Département du moins, de vous présenter une réponse au questionnaire que vous avez bien voulu faire parvenir à tous les chefs des différentes administrations ainsi qu'aux membres de nos barreaux et aux principales notabilités de l'Algérie.

Je n'ignore pas, que quelques « *collectivités* » vous ont déjà adressé des mémoires à ce sujet, mais, outre qu'un travail élaboré par plusieurs têtes n'a pas la même unité, la même cohésion, la même harmonie ni la même précision que l'œuvre d'un seul, je reprocherai encore à ces publications de ne contenir que des renseignements vagues, des données générales, des clichés et des lieux communs; Et cela par ce motif fort simple qu'entre personnes d'une même opinion, il y a toujours des nuances, voire même des contradictions qu'il faut sacrifier.

Aussi, j'estime qu'un travail *individuel* mûrement réfléchi, devra avoir à vos yeux une valeur plus [illegible] trouvera auprès de vous un crédit beaucoup plus légitime.

Pourquoi donc ce silence des indigènes? Est-ce indifférence de leur part? Est-ce manque de confiance dans leurs forces.?

On ne peut l'admettre un seul instant; car il ne manque pas parmi les nôtres d'hommes d'élite qui, d'une part, auraient été heureux de seconder la France dans son œuvre civilisatrice, et se sentent capables, d'autre part, de vous fournir d'utiles renseignements et de précieuses données. Mais encore fallait-il les convier à vous les communiquer.

Dans l'enquête à laquelle vous allez procéder, il ne fallait pas seulement consulter les parties en cause, c'est-à-dire les chefs des institutions que vous voulez réformer; il fallait encore constituer des experts, des tiers indépendants, des « neutres, » affranchis de tout intérêt personnel dans le présent débat.

Votre questionnaire a été envoyé à Messieurs les Juges de Paix, à Messieurs les Avoués et Avocats, ainsi qu'aux fonctionnaires civils et militaires.

Le Juge de Paix répond: Restreignez les attributions du Cadi; limitez sa juridiction à quelques cas exceptionnels; et, pour toutes les autres matières, prenez le Juge de droit commun, prenez le Juge de Paix.

Les officiers ministériels et les fonctionnaires répondent: Maintenez le statu quo et surtout conservez-nous nos privilèges; l'indigène lui-même vous en sera reconnaissant.

Si vous aviez consulté le Cadi, il n'aurait pas manqué de vous répondre: Qui donc mieux que nous peut trancher un différend entre Musulmans? nous qui connaissons leur langue, leurs mœurs, leurs coutumes, nous qui sommes les dépositaires de leurs traditions et de leur jurisprudence, nous seuls devrions en connaitre.

L'Indigène a son code comme vous avez le vôtre; et ce code quel est-il?

C'est le Coran, le livre sacré par excellence, celui

qu'il lit chaque jour à l'heure de sa prière, qu'on lui enseigne dès sa plus tendre enfance, et qu'on lui a appris à respecter et à observer.

Entre ces affirmations de personnes également compétentes, mais qui ont le tort de prêcher pour leur paroisse, qui croira-t-on?

Ne devra-t-on pas s'en référer à une tierce autorité qui aura pour mission de déterminer les limites de la vérité? Cette tierce autorité qui vous est désignée tout naturellement, c'est la voix du peuple indigène; et c'est elle qu'on a précisément omis de consulter.

Et si, de son côté, l'Indigène a négligé de répondre, c'est qu'il s'est senti offensé de ce que, dans ce procès, où il y va de sa vie ou de sa mort, on n'ait nullement songé à l'appeler à se défendre.

Je n'ai point pour mission, Messieurs, de vous présenter ces doléances, je serais le premier à me récuser devant une tâche aussi épineuse; je cède à une impulsion tout à fait personnelle.

Je veux seulement, confiant dans votre bienveillante indulgence, donner à la France, mon pays d'adoption, un gage de ma reconnaissance pour l'éducation et l'instruction qu'elle m'a données, en même temps que j'aurai la satisfaction d'avoir travaillé au relèvement et au bonheur de mes compatriotes.

Ces considérations exposées, et je les crois d'une grande importance pour l'étude qui va suivre, je vais essayer, Messieurs, de répondre aux points de votre questionnaire qui intéressent tout particulièrement les Indigènes.

Je diviserai mon travail en six chapitres:

Je traiterai dans le premier, la possibilité de l'assimilation des arabes; dans le second, les moyens d'assurer l'Instruction publique chez les Indigènes; dans le troisième, la Réorganisation des différentes branches de la Justice; dans le quatrième, les impôts arabes et leur assiette; dans le cinquième, la constitution de la propriété; dans le sixième, la représentation des Musulmans dans les assemblées électives.

CHAPITRE Ier.

Assimilation des Arabes

Le relèvement et la prospérité de la population Arabe en Algérie, tel est le but que la France poursuit depuis cinquante ans; l'atteindre est le désir qui vous anime, Messieurs, lorsque vous prêchez l'assimilation.

Pour cela, que faut-il faire? A mon avis, il n'est qu'un moyen vraiment efficace, l'Instruction des indigènes.

Certes, cette idée n'est point nouvelle; des personnes, en effet, dont la parole a beaucoup plus de poids que la mienne, ont déjà émis cette opinion.

Parmi elles, je citerai M. D'Hautpoul, Ministre de la Guerre, qui adressait en 1850 à Monsieur le Président de la République un rapport à ce sujet, dont le retentissement se fait encore sentir aujourd'hui.

Permettez-moi, tout d'abord, Messieurs, de vous mettre en garde contre une thèse soutenue par quelques esprits forts et dont certaine presse ignorante s'est faite l'écho. Elle affirme, dans ses premisses, que les principes religieux de l'Indigène lui interdisent l'accès de vos écoles et le rendent ainsi réfractaire à toute assimilation.

Cette théorie a pour elle, je le confesse, d'être confirmée par les apparences.

Mais, lorsque j'aurai démontré que les données qui servent de base à cette théorie ne sont que des préjugés inculqués et entretenus dans l'esprit des masses par des individus intéressés à perpétuer l'ignorance chez elles, j'aurai, je l'espère, détruit tous vos scrupules à cet égard.

Comme pour la Société française du moyen Age, il faut diviser en deux classes la population arabe:

d'une part, *les riches*, les « Kebar » Anciens Caïds ou Chefs de tribus, et avec eux les *érudits, les clercs* (Cadis, Muftis, Mokaddems); d'autre part, la classe pauvre, celle des Manants et des Roturiers qui est bien la plus nombreuse et aussi la plus intéressante.

C'est par celle-ci que l'assimilation a commencé, bien que ce soit chez elle que nous rencontrions le plus de préjugés.

Pourquoi cette contradiction apparente? Parce que ce sont les individus de cette classe qui ont surtout besoin des Français; parce que ce sont eux que vous faites travailler; parce qu'ils vivent au milieu de vous. Un grand nombre parmi eux ont d'abord, par mesure d'économie, abandonné le costume de leurs pères pour endosser les vieux effets de leurs maîtres et ne garder de leur tenue traditionnelle que la calotte rouge, la chechia. Ils se nourrissent comme vous et parlent votre langue.

Les autres, ceux de la première classe, forts de l'indépendance que leur donnent leur fortune et leur situation, forts de l'influence qu'ils exercent sur ceux qui relèvent d'eux, forts du crédit dont ils jouissent, crédit basé sur l'ignorance, la superstition de leurs subordonnés, et souvent aussi sur les bons rapports qu'ils ont avec l'administration française, restent loin de vos mœurs, luttent contre toute tentative d'assimilation, et s'appliquent à jeter dans le peuple ces préjugés dont nous parlions tout à l'heure, préjugés religieux, et par là même, puissants et dangereux.

Ces préjugés sont de deux sortes: les uns éloignent l'Indigène de la naturalisation, les autres, de l'Instruction.

Pourquoi, se demande-t-on, cette répugnance de l'Arabe à se faire naturaliser? A mon avis, elle a une double cause:

La première se trouve dans le raisonnement en même temps que dans une question d'amour propre. L'Arabe a vu dans le décret Crémieux un triste exemple de ce procédé d'assimilation. Il en est venu à se demander si la qualité de Français n'est pas plutôt une charge qu'un honneur. En même temps il s'est trouvé offensé de la préférence accordée par le gouvernement français à une race qu'il abhorre; on pense même généralement que c'est cette préférence qui a amené l'Insurection de 1871.

Ce raisonnement part d'un principe dont il faut reconnaître la vérité.

Les honneurs, en effet, se briguent et s'accordent au plus méritant; les charges seules s'imposent. Si la naturalisation est un honneur pourquoi l'imposer aux israëlites?

La seconde cause est dans une erreur de fait.

Le Musulman croit, et cela par manque d'Instruction, que changer de nationalité, c'est renier sa religion et les préceptes du Coran; il est convaincu que Français est synonime de catholique; c'est là ce qui fait qu'il refuse obstinément la naturalisation en masse.

Je suis certain que toutes les pétitions collectives qui ont dû vous parvenir sont empreintes de cette idée fausse.

Ce qui me confirme dans cette supposition, c'est la lecture de plusieurs articles publiés par des arabes dans les journaux locaux; j'y ai lu notamment que les Indigènes, tout en protestant de leur dévoûment et de leur amitié pour la France, refusaient néanmoins la naturalisation parcequ'elle les atteignait dans leurs principes religieux.

Eh bien! malgré la fausseté de cette idée, il y a lieu, je crois, de respecter, quant à présent, le scrupule de mes compatriotes, et de les laisser libres de solliciter plus tard l'honneur attaché au titre de citoyen français. Il convient d'attendre le jour où, assez instruits, ils sauront distinguer entre la personnalité civile et la personnalité religieuse; jusqu'au jour où ils comprendront que Français ne veut pas dire Chrétien, sous prétexte qu'Arabe signifie Musulman.

Mais, me dira-t-on, croyez-vous qu'on arrive jamais à faire admettre cette distinction par l'Indigène pour qui le Coran tient lieu à la fois de Code et d'Evangile?

Je veux bien admettre, pour un instant, que le Coran sera toujours un obstacle infranchissable à l'assimilation de l'Indigène.

Est-ce à dire que la France doive abandonner l'œuvre, aussi noble que charitable, d'élever l'arabe à son niveau social? Certes, je n'hésite pas à répondre non.

La France pourrait encore tenter, en effet, l'assimilation progressive par l'instruction et l'éducation de la jeunesse actuelle; la dépouiller ainsi et peu à peu de ses préjugés, et se l'attacher insensiblement d'une manière sûre et définitive.

Dans cet acheminement lent vers un but aussi généreux, le Gouvernement devra montrer la plus grande bienveillance envers les Arabes, qui, trop vieux pour apprendre, ne sauraient dépouiller immédiatement des usages et des mœurs séculaires; mais, qui, en laissant aller leurs enfants aux écoles françaises, sacrifieront par là même une part de leurs croyances et de leur fanatisme.

A ceux là, on devra réserver, suivant leurs aptitudes, les emplois de Cheik, Cadi, Adel, Garde-Champêtre, Ouakaf etc., etc., afin de récompenser leur bonne volonté.

Mais j'ai soutenu que le Coran ne s'opposait pas à l'assimilation de l'Arabe.

Tout d'abord, je ne vois, dans ce livre sacré des Musulmans, aucun texte qui lui défende de s'instruire et, partant, de se ranger à la civilisation européenne, ou qui lui commande, comme on se plait à le lui attribuer, la haine du « Roumi », (du Français).

Si j'ouvre au contraire, le livre de la Sounna (livre des lois traditionnelles de Mahomet), j'y lis: « Re« cherche la science, depuis le berceau jusqu'au « tombeau. »

Mahommet lui-même, dans son génie, a donc compris que son peuple ne pouvait grandir et s'élever que par l'étude et la recherche de la vérité, en même temps qu'il a affirmé que la science n'avait pas de bornes.

Si je fouille plus avant encore dans ce livre, j'y trouvé également ceci : « Béni soit de Dieu celui « dont les connaissances embrassent sept langues. »

Et en présence de ces textes, osera-t-on soutenir encore que le Coran défende aux Musulmans de s'instruire, de profiter de vos enseignements, et de puiser, dans vos monuments scientifiques et littéraires, les principes et les connaissances qui lui manquent ?

N'est-ce pas là faire œuvre de bon croyant ? N'est-ce pas répondre au vœu même du prophète ?

Il est vrai qu'avant d'arriver à décider l'Indigène à appliquer ces préceptes du Coran, il faudra arriver à le convaincre qu'ils s'y trouvent contenus ; et alors il semble que nous tournerons dans un cercle sans issue.

Nous disions en effet, au commencement de cette étude: pour assimiler l'Arabe, il faut 1° l'instruire, l'attirer dans vos écoles, 2° il faut lui apprendre à distinguer entre le nom de Français, qui est celui d'un peuple, et le nom de catholique qui est le nom d'une religion ; il faut lui montrer que l'on peut être bon français en même temps que fervent Musulman.

Ainsi donc, pour arriver à détruire un préjugé il faudra d'abord en faire tomber un autre. Par lequel commencerons nous ?

Nous éviterons le dilemme en répondant qu'il faudra les combattre tous les deux à la fois, de front, nous en proposerons tout à l'heure les moyens.

Et maintenant, à ceux qui pensent que le Coran prescrit à tout bon croyant, la haine et la persécution du chrétien, nous répondrons encore par les textes suivants que nous rencontrons dans le chapitre V versets 73 et 85 de ce livre et qui sont ainsi conçus :

VERSET 73 :

« Ceux qui croient, et les Juifs, les Sabéens, *les « chrétiens*, en un mot, quiconque croira en Dieu et « au jour dernier, et qui aura fait le bien, ceux-là « seront exempts de toute crainte et ne seront point « affligés. »

VERSET 85.

« Tu (Mahommet) reconnaîtras que ceux qui nour-
« rissent la haine la plus violente contre les fidèles
« sont *les juifs* et *les idolâtres*, et que ceux qui sont
« les plus disposés à aimer les fidèles sont les hom-
« mes qui se disent *chrétiens*; c'est parcequ'ils ont
« des prêtres et des moines, et parsqu'ils sont sans
« orgueil. »

Est-il possible, devant ces textes, de dire encore que Mahommet a prêché la haine du catholique! partant du français, alors qu'il l'indique à ses fidèles comme leur meilleur ami ?

Si on ose le faire, messieurs, vous taxerez j'en suis sûr, les auteurs de ces opinions d'un parti pris contre les arabes.

Mais alors, quelle est la cause de cette double erreur chez les indigènes? d'une part il répugne à l'instruction donnée dans les écoles françaises ; et, d'autre part, il s'éloigne de la civilisation, il tend à s'isoler des peuples qui l'entourent et à s'enfermer dans ses croyances et son modus vivendi?

Ces deux préjugés ont la même cause et étendent leurs racines dans la même classe d'individus, celle malheureusement trop nombreuse, des illettrés et des humbles.

J'y ai déjà fait allusion il y a un instant je développe maintenant mon idée.

Cette cause est la même que celle qui a tenu la France durant de longs siècles dans l'ignorance et l'asservissement. Elle est toute entière dans les moyens employés dès avant la conquête par les chefs indigènes, hommes puissants et instruits, réunissant dans leurs mains le pouvoir temporel et le pouvoir spirituel, se servant de leurs connaissances théologiques et de l'influence qu'ils tenaient du caractère sacré de leurs fonctions, pour accaparer les esprits et les fortunes et pour dominer les consciences en même temps que les individus.

Eh bien ! cette féodalité, qui mettait au service des

ambitions personnelles la supériorité intellectuelle et le prestige d'une mission sacrée, dure encore aujourd'hui. Elle durera aussi longtemps que le fanatisme Musulman, mais elle périra avec lui, car elle a la même cause : « L'ignorance. »

Le Musulman ne connait pas les choses de ce monde ; il est indifférent à tout ce qui l'entoure, sans curiosité, sans étonnement à la vue des découvertes nouvelles et des progrès constants de la science. Mais il possède une confiance sans bornes dans les enseignements de ses chefs religieux qu'il écoute sans contrôle et avec bonheur, parcequ'ils flattent son penchant à l'insouscience et au far-niente, parcequ'il trouve dans cette absorption de l'être devant son Dieu, dans cette sorte d'extase où le plonge la prière, une jouissance devant laquelle s'effacent les soucis et les besoins matériels, ainsi que le souvenir des injustices et des cruautés. L'indigène a toujours été, et est encore entre les mains de ceux qui le dominent par leurs titres leurs fonctions on leurs connaissances, un instrument, un moyen et une victime, victime parfois inconsciente, victime souvent même heureuse dans son abaissement, mais toujours victime aux yeux d'une société éclairée, d'une société libre et maîtresse de ses droits.

Cet état de l'arabe se rencontre chez tous les peuples primitifs qui, illetrés, n'ont jamais lu leurs livres sacrés, et n'en connaissent que ce que leur enseignent ceux qui se prétendent savants.

J'ai lu et relu le Coran, dans son texte original ; je sais ce qu'il contient, et je suis fondé à dire que rendre le Coran responsable des travers d'esprit de l'indigène, équivaudrait a attribuer à l'Evangile, les hécatombes des croisades, les horreurs de l'inquisition, la St-Bartélemy, et les guerres de religion.

Rejetons donc bien loin une théorie aussi absurbe et disons que c'est à la France, cette société éclairée, qu'il appartient aujourd'hui d'élever l'indigène à son niveau social.

C'est à elle, seule capable de constater le mal,

d'en étudier les causes qu'il appartient de les combattre et de les détruire.

Mais alors cherchons dans la société Musulmane, cherchons quels sont ceux qui peuvent avoir un intérêt, manifeste ou caché, à entretenir leurs corréligionnaires dans l'ignorance et le fanatisme et nous verrons que, de mêmes qu'au moyen âge Français, ce sont les classes dirigeantes.

Nous l'avons dit déjà, et nous n'insistons encore que pour en montrer un exemple dans la personne des Mokkadems, qui sont l'image parfaite de ces fondateurs d'ordres religieux comme il s'en est présenté chez tous les peuples.

Ces chefs religieux imposent d'abord à leurs adeptes certaines mortifications corporelles et morales, ils leur recommandent la charité, et leur inculquent ensuite le principe de la solidarité la plus étroite.

Les Mokkadems en général, presque toujours pauvres à leur début, prêchent le mépris des biens de ce monde ; on les honore comme des saints, on leur fait des offrandes, et peu à peu, le goût du bien être naît chez ces déshérités de la fortune qu'un encens malsain vient griser. Ils ne tardent pas à se servir de la naïveté de leurs prosélytes pour s'enrichir à leurs dépens.

Pour atteindre ce résultat, ils élèvent avec les offrandes des fidèles une Zaouïa (chapelle) dans laquelle, sous prétexte d'entretenir quelques pauvres, ils obligent leurs affiliés (khouhans) à apporter les dîmes en nature et en argent.

Ils se créent ainsi un revenu considérable sans jamais avoir possédé d'autre capital que leur malignité.

Voilà leur stratagème, et afin de mieux cacher aux indigènes qu'ils les exploitent dans leur fortune, il les maintiennent dans l'ignorance la plus profonde.

Et alors, redoutant de voir le Musulman, par son rapprochement du français, perdre son fanatisme et échapper ainsi à leurs appétits insatiables, ils lui enseignent la haine de ce dernier et le persuadent qu'elle lui est ordonnée par le prophète.

Loin de moi, cependant la pensée de vouloir flétrir ici la conduite de tous les Mokkadems sans exception. Il en est certainement parmi eux qui sont maîtres d'une grande fortune et qui ne cherchent nullement à nourrir de telles doctrines dans le cœur de leurs adeptes. Je vais plus loin, il en est qui sont dévoués à la France, nous en avons eu un exemple dans le chef des Khouans de Tidjani, qui, en 1871, a empêché l'insurrection d'éclater dans le Sahara, et qui a su maintenir ses fidèles dans le respect du gouvernement français.

Mais en général, ils sont les auteurs des troubles qui éclatent, ils entravent la marche de la justice répressive et ils en annihilent toute l'autorité par leur principe de solidarité.

Nous avons indiqué la cause du fanatisme de l'arabe, il vous appartient, messieurs, de rechercher les moyens de le faire disparaître.

Et maintenant que je crois avoir démontré la possibilité de l'instruction, partant de l'assimilation de l'arabe et prouvé que sa religion n'est point la cause de son aversion pour la science, je vais essayer d'établir la nécessité de cette instruction et de faire ressortir les avantages qui en découleraient tant pour l'indigène que pour la France elle-même.

On a dit que les peuples étaient l'image parfaite de l'homme, que, comme celui-ci, ils naissent puis grandissent et se perfectionnent. et que comme lui aussi ils disparaissent.

La comparaison n'est-elle pas détectueuse? S'il est vrai qu'un peuple naisse, grandisse et s'élève jusqu'à son apogée, puis décline et retombe dans l'enfance, il n'est pas vrai du tout qu'il disparaisse.

J'établirai plutôt une analogie entre les phases de la vie des peuples et les saisons de l'année.

Comme l'année, l'existence d'une race a son printemps, qui est l'époque de formation, l'ère des invasions, des conquêtes et des agitations intérieures ;

Comme elle, son été qui est la période de grandeur et de prospérité; Comme elle, son automne, qui est l'heure du déclin; comme elle aussi, son hiver, la dernière phase, celle de la décrépitude et de l'anéantissement.

La vie des peuples et des races tourne dans ce cercle fatal; mais il n'est pas sans issue. De même qu'il a été reconnu que l'hiver n'est pas absolument une saison morte, mais plutôt une époque d'incubation pendant laquelle, la terre reprend des forces et se désagrégeant sous l'action du froid et de la neige, sameublit, se refait et s'imprègne de sucs nouveaux. de même dans les peuples, la période qui suit celle de la décadence est une période d'élaboration, de régénérescence préparant à une ère nouvelle ; c'est le sommeil réparateur qui doit lui rendre son énergie primitive et lui préparer une place plus brillante sur la scène du monde.

Cette comparaison ne s'applique-t-elle pas exactement au peuple Arabe ? après avoir occupé le premier rang dans les lettres les sciences et les arts, nous le voyons aujourd'hui dans une état d'abaissement et d'infériorité incontestable vis à-vis des autres peuples.

Est-ce à dire que le peuple arabe ait fini de vivre et qu'on doit l'abandonner? Non messieurs, ma comparaison est confirmée par l'histoire d'une façon indéniable et point n'est besoin de citer d'exemples.

Je crois du reste, que ma thèse est la vôtre, puisque le but que vons poursuivez aujourd'hui n'est autre que le relèvement de la race indigène.

Vous avez considéré l'arabe comme un grand enfant, et vous en avez spontanément pris la tutelle. Aussi ai-je foi dans votre sollicitude pour lui ; vous devrez agir envers lui comme vous le feriez à l'égard de votre propre enfant, car, comme celui-ci, il ne raisonne point, et ne saurait être écouté lorsqu'il refuse son éducation, son émancipation.

Dans cette tâche touchante du reste, ce ne sont pas les encouragements qui vous manquent. Vous avez pu vous rendre compte des résultats déjà obtenue ; l'armée est là pour montrer ce qu'on peut faire de l'arabe.

Vous l'avez trouvé à vos côtés, en Crimée, au Mexique, en Italie, en Allemagne, et aujourd'hui encore, il verse son sang au Tonkin, afin de vous permettre, dans ce pays lointain, au milieu d'une population qui lui est de beaucoup inférieure, d'implanter le drapeau de la civilisation.

Une fois instruit, l'indigène sera pour la France un précieux auxiliaire dans ses colonies, et vous obtiendrez de lui, sans doute, la sécurité que réclame l'Algérie ; il saura respecter son semblable, sans distinction de race ni de religion, non seulement dans sa personne, mais aussi dans son patrimoine.

CHAPITRE II.

Instruction Publique

Je crois utile, avant de passer à l'examen des moyens de répandre et de vulgariser l'instruction chez les arabes, de retracer en quelques lignes son histoire depuis les turcs, jusqu'à nos jours.

Sous la domination turque, les études musulmanes relativement prospères se divisaient en trois classes :

La première comprenait l'enseignement primaire consistant à apprendre aux jeunes enfants la lecture, l'écriture, et les principes de la religion. Ces cours étaient faits dans des locaux presque toujours attenant à une zaouïa (chapelle) et étaient suivis aussi bien dans les campagnes que dans les villes.

La seconde comprenait l'Instruction que l'on pouvait appeler secondaire et qui consistait dans l'enseignement de la Grammaire et l'explication du Coran ; elle était généralement donnée aux adultes de la classe aisée et qui avaient reçu l'Instruction primaire.

La troisième, enfin comprenait l'enseignement

supérieur qui consistait dans l'Etude du droit, de la médecine, de la chirurgie, de la théologie, des mathématiques élémentaires, de l'astronomie, de l'histoire et de la géographie.

Ces sortes d'universités appelées Medersas, destinées à former les magistrats, les juriconsultes et les fonctionnaires occupaient un local spécial comprenant des logements destinés à recevoir les élèves étrangers qui venaient y faire leur éducation.

Dans ces trois degrés, l'Instruction était gratuite, et suivie par un nombre considérable d'élèves.

Tel était l'Enseignement professé en Algérie au moment de la conquête, en 1830.

A cette époque, la France s'est occupée d'abord de pacifier par les armes le pays qu'elle venait de conquérir ; et ce n'est que vingt ans après, que, l'Instruction ayant été reconnue indispensable pour l'assimilation, un décret la règlementant fut rendu par M. le Président de la République.

Ce décret des 14 Juillet — 6 Août 1850 portait l'établissement d'Ecoles Arabes-françaises dans les villes d'Alger, Oran, Constantine, Bône, Blidah et Mostaganem et y prescrivait le double enseignement aux Indigènes de l'Arabe et du Français.

Ce même décret a également ordonné la création d'écoles primaires de jeunes filles musulmanes à Alger, Oran et Constantine et y avait prescrit l'enseignement de la lecture, de l'écriture arabe, des éléments de la langue française et des travaux d'aiguille.

Ce premier pas fait, on s'est arrêté ; et l'on a, pour ainsi dire, délaissé l'instruction des Indigènes jusqu'au deux Mai 1865, époque à laquelle est intervenu un arrêté de Monsieur le Gouverneur général de l'Algérie ordonnant la création d'écoles arabes-françaises dans les territoires civils et militaires et portant règlement de l'enseignement à y donner.

Mais, hélas ! cet arrêté est resté, comme beaucoup d'autres, lettre morte ; et rien encore n'a été fait pour la vulgarisation de l'Instruction parmi la population arabe des campagnes.

Les Indigènes, cependant faisaient preuve de bonne volonté, et certains d'entre eux favorisés par la fortune ont envoyé leurs enfants dans les collèges, dans les lycées, et quelquefois même dans les institutions religieuses d'Algérie, d'autres même, et, sans le concours du Gouvernement, n'ont point hésité à envoyer leurs enfants en France, recevoir l'instruction qui y était suivie et ont fait, par là, preuve d'abnégation et d'attachement à la mère adoptive; malheureusement, ces derniers ont eu à regretter les sacrifices qu'ils s'étaient imposés. Leurs enfants complètement assimilés se sont vus l'objet du délaissement le plus complet de la part de l'Administration Algérienne qui n'a pas su, ou mieux qui n'a pas voulu les employer; ils ont même servi de risée à leurs compatriotes qui leur faisaient observer avec juste raison que point n'était besoin pour eux d'aller si loin étudier et travailler dans le but d'acquérir une position qui leur a été refusée.

Néanmoins, jusque là, on avait essayé de propager la connaissance de la langue française dans les villes; mais on avait eu le tort de laisser dans l'oubli complet les Indigènes de la campagne.

C'est là surtout qu'auraient dû se porter les efforts de l'Administration; c'est parmi cette population, encore aveuglée par le fanatisme et plongée dans les ténèbres, que l'on aurait dû établir des écoles et essayer de pacifier progressivement par l'Instruction, cette classe de la société arabe.

On eut évité les insurrections nombreuses qui ont consommé la ruine de l'Arabe par les amendes collectives et le séquestre, mesures rigoureuses dont il a été souvent frappé.

Ces préliminaires exposés, abordons l'étude des moyens d'assurer l'Instruction chez les Indigènes. Nous la diviserons en trois paragraphes, l'enseignement primaire, l'enseignement secondaire, et l'enseignement supérieur.

§ 1er. Enseignement primaire

Après une longue et minutieuse étude, M. le Ministre de l'Instruction publique a soumis à la signature de Monsieur le Président de la République, à la date du 13 février 1883, un décret portant réorganisation de l'enseignement primaire en Algérie.

Le titre IV de ce décret vise spécialement l'Instruction primaire des arabes et prescrit des moyens sûrs de propager la connaissance de la langue française parmi eux.

Nous ne pouvons ici que solliciter l'application à bref délai et l'extension à toutes les communes mixtes et de plein exercice du § 3 titre IV art. 42 du décret sus-visé ainsi conçu:

Art: 42: « Dans les communes indigènes, des « écoles peuvent être créées par décision du Gouver- « neur Général, sur la proposition du Général com- « mandant la division ou à la requête de l'Inspecteur « d'Académie et, dans les deux cas, après avis du « Conseil Départemental. »

« Pour l'établissement de ces écoles, les communes « pourront recevoir des subventions de la caisse des « lycées et écoles. Le traitement des instituteurs sera « à la charge de l'Etat, les autres dépenses, à la « charge de la commune. »

On ne saurait coordonner avec plus de précision et de prévoyance la création d'écoles arabes françaises dans les douars.

Cependant, depuis 1883, rien n'a été tenté pour l'ouverture de ces écoles.

Quelle peut-être la cause de l'inexécution de ce décret en territoires arabes?

La seule qui m'apparaisse se trouve dans la pénurie des budgets ou dans le manque du personnel enseignant, tel que le prévoit le décret sus relaté.

Je vais essayer d'applanir cette double difficulté en proposant des moyens pratiques pour faire face aux dépenses que nécessitera la construction des écoles et pour arriver à un recrutement facile du personnel.

Je commencerai par rechercher le moyen d'assurer le recrutement des maîtres.

Les écoles normales primaires sont déjà fréquentées par un certain nombre d'Indigènes qui se destinent à la pédagogie et l'on pourra trouver là toute une pépinière de jeunes instituteurs et d'adjoints.

Il existe, en outre, un assez grand nombre d'Arabes ayant reçu une bonne instruction primaire; il en est qui sont pourvus du Certificat de Grammaire, d'autres, de celui d'Etudes primaires et même du brevet simple; ces Indigènes ne manqueront pas, j'en ai la conviction, de concourir pour l'obtention de l'emploi d'adjoints et l'on trouverait là encore, l'élément nécessaire à la formation des écoles annexes dont parle le decret de 1883.

Ce même decret prévoit que ces adjoints seront indigènes, mais il contient une lacune importante; il aurait dû les obliger à être mariés.

Je n'ai pas besoin de dire l'utilité de cette mesure; vous connaissez, Messieurs, les mœurs arabes, en ce qui concerne la femme. Vous devinez de quel mauvais œil serait vue par les habitants de la tribu l'installation parmi eux d'un adjoint célibataire n'ayant avec eux aucun lien de parenté.

Vous jugerez comme moi, que c'est là une condition essentielle au bon fonctionnement de l'enseignement.

Comme vous le voyez, le personnel enseignant ne manquera pas, contrairement à ce qu'on pourrait objecter.

Examinons, maintenant, les moyens de faire face aux dépenses qu'exigera la création de ces écoles.

Je vais essayer, d'abord, de résoudre celles relatives à la construction du bâtiment scolaire.

L'article 42 ci-dessus visé, met cette dépense à la charge des communes. Mais pourront-elles toutes la supporter? Etant donnés l'exiguïté de la construction et le prix insignifiant qu'elle pourra coûter, je dis que les communes, en général, pourront se charger de cette dépense.

Pour alléger le budget communal sur ce chapitre, les Indigènes pourront être appelés à concourir, en partie, aux frais de la construction. Ils seraient chargés, par exemple, d'effectuer le transport des matériaux, chose toujours coûteuse, dans notre pays dépourvu encore des voies de communication, cela ne leur coûterait rien ; ils le feraient à dos de leurs bêtes de somme et ils diminueraient ainsi, dans une forte proportion, la charge de la commune.

Le mortier, d'autre part, dont la fabrication ne demande pas un long apprentissage pourrait être fait par les gens du douar. Ces habitants, pour la plupart d'une pauvreté rare, se contenteront d'un salaire très minime, tout en étant d'excellents ouvriers habitués à la peine, aux grandes fatigues et aux ardeurs du soleil.

Comme on le voit, les communes n'auront pas à s'imposer un grand sacrifice, et leur budget pourra toujours être grevé, sans difficultés, de la dépense dont je viens de parler.

On pourra arriver ainsi à élever à bref délai des écoles sur tout le territoire arabe de l'Algérie, en commençant par les douars les plus importants.

Il me reste à signaler les modifications qu'il serait bon d'apporter à l'article 39 du décret de 1883 qui règle le traitement des maîtres-adjoints.

Outre le traitement, relativement faible que le dit décret alloue aux adjoints, il pourra leur être donné la jouissance d'un lot de terre de 15 à 20 hectares que l'on prélèverait sur les biens vacants du douar.

C'est sur cette dernière proposition, que je vous prierai, Messieurs, d'arrêter surtout votre attention car elle facilitera considérablement le recrutement du personnel enseignant.

Vous savez, combien est misérable la condition du fellah (cultivateur) arabe. Propriétaire d'un mince lopin de terre, l'Indigène y construit son gourbi et s'y installe avec toute sa famille. Au printemps, il gratte un peu le sol au moyen de sa djebda (petite charrue légère qui effleure seulement la surface de la terre); après cela, il ensemence, puis il laisse faire la nature.

La moisson sera médiocre ou abondante; s'il pressent qu'elle sera maigre, il restreint ses besoins et ses dépenses; si au contraire, elle s'annonce belle, il va faire quelques achats: il achètera des poules, une ou plusieurs chèvres, et enfin une vache qui sera pour lui plus qu'une nourricière, elle sera un instrument précieux pour ses labours.

Vous comprenez, dès maintenant, Messieurs, la valeur que l'indigène attache à la terre et combien l'appât d'un petit terrain dont il aura la jouissance, le décidera à accepter des fonctions qui n'ont d'ailleurs rien de pénible et qui lui laisseront, certes, assez de loisirs pour s'occuper de son champ.

« L'arabe, peuple pasteur.... » a dit un poëte.

Oui, l'arabe est, avant tout, un peuple pasteur, et c'est, en flattant ses goûts, qu'on arrivera à l'amener à soi.

Après avoir répondu à ces objections, j'en prévois une dernière aussi importante que celle-là et que je vais essayer de réfuter.

On ne manquera, certainement pas, de dire, qu'il est bon de créer des écoles, d'y placer des maîtres, mais faudrait-il encore trouver des élèves. On dira cette fois, que l'arabe a besoin de son enfant pour les travaux agricoles, et qu'il saisira ce prétexte pour ne pas l'envoyer en classe.

A cela, je répondrai qu'il est un moyen souverain pour vaincre cette difficulté; le moyen ne consiste pas dans l'emploi de la rigueur, mais, bien plutôt, dans la douceur.

Vous n'avez pas oublié, Messieurs, que j'ai posé en principe que l'Indigène était un enfant, je proposerai donc d'user envers lui de tous les artifices qu'un père emploie envers son enfant qu'il amène, peu à peu, et au moyen de récompenses minimes, à aimer l'école et à s'y rendre régulièrement.

Au moyen de promesses semblables, l'arabe, en attendant qu'il puisse apprécier par lui-même toute l'importance de l'instruction, s'y adonnera d'une manière suivie.

Ce n'est pas seulement à l'enfant qu'il faudra proposer l'appât d'une récompense, c'est aussi, et surtout, au père ; on lui donnera, comme je l'ai dit plus haut, les places ordinairement réservées aux Indigènes ; ou bien, ces générosités ne pouvant se distribuer qu'entre un petit nombre, on accordera par exemple aux tribus qui feront preuve de bonne volonté, le droit de paccage dans les domaines et forêts de l'Etat.

Après avoir succinctement fait connaître les moyens d'assurer aux indigènes une instruction primaire, je vais en quelques mots, traiter la question de l'enseignement secondaire.

§ 2 Enseignement secondaire

Cet enseignement ne comporte aucune difficulté et peut facilement être donné à l'arabe.

En effet, l'Algérie est actuellement dotée d'un nombre suffisant de collèges et de Lycées qui permettent aux indigènes d'achever l'instruction reçue dans les écoles primaires.

Ici donc, pas de difficultés dans l'installation de locaux scolaires, et, non plus, dans le recrutement du personnel ; il s'agit seulement de savoir, à quel enfant arabe on devra donner cet enseignement et de quelle manière on pourvoira aux frais qui sont d'ordinaire à la charge des parents de l'élève.

A la fin de chaque année scolaire, on pourra, au moyen d'un concours, arrêter par arrondissement, le chiffre des arabes qui seront envoyés dans les Collèges ou Lycées.

Ce nombre, une fois fixé, on permettra aux élèves dont les parents ne sont point fortunés, de concourir, avec leurs condisciples français, pour l'obtention d'une bourse.

Ceux au contraire dont la famille est riche, seront obligés de payer les frais de leur éducation.

§ 3. Enseignement supérieur

Après avoir prévu dans votre programme, l'enseignement classique chez les indigènes, vous avez voulu rechercher les moyens de leur faciliter celui de la médecine et l'accès des écoles spéciales de l'Etat, pensant ainsi favoriser leurs deux principales aptitudes, le métier de la guerre et la science d'Hippocrate.

Quant à l'étude du droit, votre programme n'en parle pas, néanmoins, vous me permettrez, messieurs de vous en dire quelques mots :

Tandis que des facilités énormes ont été données à l'indigène, pour lui permettre de subir les examens de St-Cyr et ceux de la Médecine, facilités qui consistaient en la diminution des conditions de capacité et notamment en la dispense de produire, au préalable, le diplôme de Baccalauréat, le gouvernement n'a fait aucune exception en sa faveur, en ce qui concerne les études juridiques.

Le cas s'est présenté, en effet, d'un indigène se destinant au barrau qui, ayant fait ses études classiques, mais sans avoir subi les examens du Baccalauréat, demanda à bénéficier des faveurs accordées à d'autres pour la médecine. Malgré l'avis favorable d'une de vos facultés de droit, il a vu sa demande rejetée par M. le ministre de l'Instruction publique.

Cependant, des français, jouissent de cette faveur et bon nombre ont fait leur droit sans jamais avoir été bacheliers.

Pourquoi, alors cette rigueur exceptionelle envers l'arabe qui veut poursuivre ses études juridiques ? Pourquoi, au contraire, des facilités vraiment considérables pour celui qui se destine à l'étude des autres branches de l'enseignement supérieur ?

Les raisons de cette double anomalie échappent, et si je tiens, particulièrement, Messieurs, à attirer sur ce point, toute votre attention, c'est que contrairement à l'opinion qui a pu guider monsieur le ministre de l'Instruction publique lorsqu'il a refusé à un indigène la dispense du baccalauréat en vue de la licence en droit, les arabes ont des dispositions toute spéciales pour les études juridiques.

La meilleure preuve en est dans le nombre considérable d'indigènes qui sont employés comme clercs dans les études d'avoués, de notaires et d'huissiers.

J'ose en conséquence espérer que c'est là une réforme sur laquelle vous ne manquerez pas de porter votre attention.

Vous avez vu, d'autre part, avec quelle ardeur un certain nombre d'indigènes ont déja profité de la situation avantageuse qui leur était faite en ce qui concerne les études de la médecine.

Nous avons parmi nous, tant à Bône, qu'à Constantine, Alger, et Oran de nombreux médecins indigènes exerçant au titre français; et il est même à remarquer que ce ne sont pas ceux qui ont le moins de clientèle, même européenne.

CHAPITRE III.

Réorganisation de la Justice Musulmane

Dans ce chapitre, je parlerai des modifications à apporter à l'administration de la justice aux indigènes.

Je diviserai ce travail en trois paragraphes dont l'un sera consacré aux litiges civils et commerciaux, l'autre à la répression des crimes et des délits et enfin le trisième, aux lois d'exception dont sont frappés les arabes.

Je n'aurai certes pas à retracer ici les progrès réalisés depuis la conquête dans l'administration de la justice aux indigènes; les ordonnances, les lois et les décrets successivement rendus sur cette matière sont suffisamment présents à votre mémoire, pour que je sois dispensé de vous les rappeler.

Vous avez su, progressivement et sans secousse imposer aux arabes, vos lois criminelles d'abord, ensuite vos lois civiles. Ils n'ont à coup sûr pas lieu de s'en plaindre.

Cependant il s'impose des réformes nombreuses à apporter à l'administration de la Justice en matière musulmane.

§ 1er. Réformes à l'administration de la Justice au point de vue des affaires civiles et commerciales et de statut personnel.

Le dernier décret organique sur cette matière est du 17 avril 1889.

Je n'en ferai point ici la critique. Une personnalité certes plus compétente que moi, M. Marchis, avoué à Bône, et membre du Conseil supérieur du gouvernement général de l'Algérie a pris le soin de soumettre à votre examen un travail complet; il vous indique avec autant de clarté que de précision, les réformes à apporter à ce décret.

Je ne suivrai pas davantage mes compatriotes qui ont dû exprimer dans leurs pétitions le désir de voir retourner aux Cadis la connaissance des litiges en matière personnelle et mobilière, réservée par le décret sus-visé à MM. les Juges de Paix.

Je ne puis en effet demander à la France de faire un pas en arrière, lorsque le résultat qu'elle a obtenu n'a soulevé jusqu'à ce jour aucune réclamation. La masse des justiciables, semble au contraire satisfaite, de la juridiction des Juges de Paix en matières musulmanes.

Mais il est un point sur lequel je donne absolument raison à mes congénères, c'est lorsqu'ils se plaignent des lenteurs apportées à la solution de leurs procès relevant de la compétence du Juge de Paix et surtout lorsqu'ils se récrient contre les frais excessifs qui leur sont occasionnés par des litiges souvent de peu d'importance.

La situation faite aux plaideurs par la complication d'une procédure bâtarde et onéreuse empêche fréquemment le pauvre de faire juger son différend.

Depuis longtemps, on étudie en France la simplification de la procédure, et la réduction des frais toujours énormes, parfois ruineux, même pour la partie gagnante.

Des réformes ont fait l'objet de longues et sérieuses méditations, mais on n'a pu les réaliser parcequ'on s'est heurté aux droits acquis de certains officiers ministériels, avoués, huissiers et notaires, dont les charges sont encore vénales dans la métropole.

Eh bien! que ne commence-t-on à faire l'application de ces réformes dans l'organisation de la justice musulmane, qui est à l'état de création, et au sujet de laquelle on ne rencontrera point les mêmes difficultés, les charges des officiers ministériels étant ici données gratuitement par l'Etat.

Ainsi que je le disais, je ne ferai point la critique du décret de 1889, parceque ma conviction intime est qu'il est préférable dès à présent, de soumettre les indigènes au droit commun pour toutes les questions personnelles et mobilières ainsi que pour les actions réelles portant sur des immeubles soumis à la loi française, sous la réserve de certaines modifications dans la procédure et la compétence, que j'indiquerai tout à l'heure.

Cette proposition est, je le reconnais, bien hardie et je ne me dissimule point qu'elle sera l'objet de grandes critiques et de nombreuses réclamations, mais je n'ai pas hésité à la formuler, prévoyant les avantages puissants qu'elle procurera aux indigènes et aussi au bon fonctionnement de la justice.

On dira notamment qu'une semblable mesure porterait une grave atteinte aux lois et coutumes indigènes que la France s'est engagée à respecter aux termes de la capitulation de 1830.

Pour répondre à cette objection, je ne répéterai pas ce qui a toujours été mis en avant, à savoir, que cette capitulation ayant été transgressée d'abord par les arabes, ne lie plus en aucune façon la France, je dirai seulement que je ne demande pas ici une mesure nouvelle, car les indigènes sont déjà depuis le décret du 10 Septembre 1886 *soumis à la loi française* pour toutes les questions mobilières et personnelles.

L'article deux de ce décret, établit en effet ce principe en termes précis et impératifs pour les matières que je viens d'indiquer et ajoute, il est vrai, in fine : « Les Juges de Paix tiendront compte des us et cou « tumes indigènes » c'est-à-dire qu'ils devront notamment admettre, contrairement à l'article 1341 du code civil, la preuve testimoniale au dessus de 150 francs.

Comme on le voit, je ne touche pas aujourd'hui à a capitulation de 1830 qui se trouve déjà abolie et anéantie par le législateur de 1886.

Les indigènes eux-mêmes ont accepté, sans protestations, ce décret, et chaque jour, les magistrats français leur font application de la loi française sans éprouver aucune difficulté.

Mais tout en posant ce principe, le législateur de 1886 comme celui de 1889 ont institué une juridiction spéciale pour juger les Musulmans en même temps qu'ils ont créé une procédure bâtarde qui n'offre aucune garantie aux justiciables par suite de sa signification par des huissiers indigènes qu'on appelle Aoûns.

Pourquoi cette anomalie ?

Je n'en trouve la raison nulle part.

En effet, puisqu'aux termes de ces deux décrets successifs, les Musulmans sont soumis à la loi française, pourquoi ne pas les rendre justiciables de la juridiction de droit commun, et dans les formes de la procédure ordinaire, mais *telle qu'on songe à la réformer ?*

Si au contraire, en même temps qu'on les soumet

Dû à l'avoué du demandeur	en 1re instance
1°. Requête en dispense de conciliation (coût) ci.	3 fr. 08
2°. Assignation environ ci	8 « 75
3°. Placet et Mise au rôle.	1 « 65
4°. Un seul acte de conclusions (coût) ci . . .	3 « 85
5°. Droit de jugement ci	15 « 00
Soit au total ci . . .	32 « 33

Examinons maintenant le même litige entre deux Indigènes et voyons ce que le demandeur devra exposer devant le premier Juge, le Juge de Paix.

1°. Premier avis	4 fr. 65
2°. Deuxième avis	2 « 40
3°. Honoraires réclamés par l'avocat qui a le monopole de la plaidoirie en matière musulmane (environ)	40 « «
Soit au total . . .	47 « 05

En premier ressort, la différence n'est pas énorme mais c'est en appel que nous constaterons un écart considérable entre les deux systèmes de procédure.

Un Européen fait appel d'un jugement; il devra exposer les frais suivants: Toujours en tenant compte du tarif en matière sommaire.

1°. L'acte d'appel (environ), ci	20 fr. 35
2°. Mise au rôle et placet, ci	1 « 65
3°. Amende à consigner, ci	5 « 50
4°. Un seul acte de conclusions (coût), ci	3 « 82
5°. Droit à l'arrêt	15 « «
Soit au total . . .	46 « 30

L'Indigène, au contraire qui interjette appel d'un jugement rendu contre lui soit par un Juge de Paix soit par un Cadi devra exposer les frais suivants :

1°. Consignation des frais d'appel (environ) . .	30 fr. «
2°. Droits de conclusions signées par un avoué ou avocat	15 « «
3°. Honoraires pour plaidoiries	50 « «
Soit au total . . .	95 « «

D'où une différence, que l'Indigène paie en plus que l'Européen, de 48 francs 70 centimes, chiffre énorme étant donné surtout qu'il ne pourra répéter contre l'intimé, au cas où il obtiendrait gain de cause, que la somme de 30 francs sur 95 qu'il a été dans l'obligation de payer.

Comme on le voit, en appliquant rigoureusement le tarif des matières sommaires en Algérie, les Indigènes auraient tout intérêt à être soumis à la juridiction de droit commun, qui leur offre, en outre, plus de garanties.

En terminant ces quelques observations sur les réformes à apporter à l'Administration de la Justice en matière civile, qu'il me soit permis de demander s'il ne serait pas plus logique de consulter plus directement, c'est-à-dire, par une enquête sur place, la population musulmane la seule intéressée.

Renseignés par vous mêmes, Messieurs, vous arriverez à une solution juste et équitable de la question car on pourait taxer de partialité toutes les propositions qui peuvent vous parvenir à ce sujet.

Je passe maintenant à l'Etude des réformes à apporter à la Justice en matière pénale actuellement appliquée aux arabes.

§ 2. Réformes à apporter à l'organisation et à l'administration de la Justice de Répression.

De toutes les branches des services publics la Justice répressive, est sans contredit celle qui constitue les bases solides d'une société.

Elle a, en effet, pour but d'assurer la protection de tous les membres qui composent cette collectivité par le châtiment des actes qui lui sont préjudiciables; ses décisions sont donc d'ordre public.

Tous les hommes, dès les temps les plus reculés, ont possédé les mêmes conceptions sur le droit de répression du mal, quel qu'il soit.

Mais il faut bien se garder d'induire de là que l'égalité absolue répondit toujours exactement à l'idée de justice.

C'est ainsi qu'on remarque qu'avant 1789, en France par exemple, le système pénal était la conséquence de l'idée de vengeance, de l'intimidation et de l'arbitraire, c'est ainsi que la force y primait le droit.

Depuis la révolution, au contraire, nous voyons ce même système pénal dominé par l'idée de l'équilibre social, nous constatons la proclamation de l'égalité des citoyens devant la loi et l'unification de la pénalité.

On arrive naturellement à conclure de ces observations, que le droit pénal n'a rien d'arbitraire mais qu'il doit nécessairement être en harmonie avec le degré de développement du peuple chez lequel il doit être appliqué.

Partant de ce principe, le droit pénal français, auquel les arabes ont été soumis par l'ordonnance du 26 septembre 1842 est-il bien en harmonie avec leurs mœurs et leurs coutumes?

Sans hésitation, je réponds: non; et je l'explique, par le degré d'infériorité dans lequel se trouve la race indigène par rapport à la Nation Française.

Je dis que l'équilibre n'existe pas quand ces lois de répression faites et combinées d'après le degré de développement du peuple français sont appliquées à des individus encore dans un état d'infériorité évidente.

Il n'est pas en effet équitable, d'infliger au mineur qui a commis une infraction aux lois de répression, une peine égale à celle qu'encourt un majeur pour la même faute.

Ce principe est tellement vrai que nous trouvons

une distinction bien établie à ce sujet dans les articles 66 et suivants du code pénal.

Mais fût-il juste d'appliquer la même loi à deux races absolument dissemblables, qu'il y aurait lieu encore d'examiner si la justice répressive ne comporte pas bien des défaillances, bien des inégalités, dans son application aux Indigènes.

Il faut ici distinguer s'il s'agit d'un crime ou un délit.

Lorsqu'un Indigène a commis un délit, il est déféré aux tribunaux correctionnels et obtient des magistrats qui sont appelés à le juger une saine application de la loi.

Le magistrat pénétré, en effet, du caractère, en quelque sorte, sacré des fonctions qu'il exerce et des devoirs qu'elles lui imposent, ne voit jamais devant lui, comme on en a accusé à tort la justice française, un coupable, mais seulement un prévenu, fut-il arabe, français, ou étranger ; il écoute avec impartialité l'accusation et la défense, et sa décision n'est que le reflet de sa conscience.

Les Indigènes n'ont donc pas de griefs à élever contre cette juridiction si tant est que le code pénal doive leur être appliqué dans toutes ses rigueurs.

Qu'un arabe au contraire, commette un crime, il devient justiciable par là même de la Cour d'Assises qui se compose aujourd'hui de deux éléments, la Cour et le Jury.

C'est à celui-ci qu'appartient le droit de prononcer la culpabilité ou de proclamer l'innocence de l'accusé.

Or, c'est de cette juridiction que l'indigène a des raisons sérieuses de se plaindre.

Le Jury, tel qu'il est organisé par la loi constitue une des plus belles créations du Législateur, c'est le principe de la représentation qui a pénétré jusque dans le domaine de la Justice, c'est une garantie d'impartialité donnée aux justiciables et à la société ; c'est aussi une application du principe d'égalité qui veut que chacun soit jugé par ses pairs. La mission du Jury est tracée toute entière dans l'art. 312 du

Code d'instruction criminelle qu'il est inutile de reproduire ici.

A coup sûr, l'accusé trouve devant cette assemblée composée de douze citoyens comme lui, une garantie qu'il pouvait craindre de ne pas rencontrer chez les magistrats sévères chez lesquels le Code tient souvent lieu de cœur.

Mais devant le Jury ainsi composé, l'Arabe rencontre-t-il, la même garantie que l'Européen? Certes, non!

Tous les arguments que je pourrais produire à l'appui de cette réponse, telles, par exemple, les idées préconçues, l'antipathie de race ou même l'esprit de vengeance qui pourraient animer le colon devenu juré et victime auparavant d'un vol quelconque, ne sauraient vous convaincre de la sincérité, de la justesse de mon affirmation; des faits seuls pourront détruire la croyance contraire.

Aussi, vais-je vous supplier, à mon tour, comme l'a fait Monsieur Lesueur, sénateur de Constantine, de venir vous mêmes en Algérie, assister à une session de cour d'assises et constater avec quel dédain, la vie humaine est parfois traitée, qu'il s'agisse soit, d'un accusé arabe, soit d'une victime française ou même européenne. Vous verrez par vous mêmes quelle bienveillance, voisine parfois de l'iniquité rencontre l'Européen dans ses pairs et quelle sévérité est réservée par ceux-ci à l'Indigène.

Ce que je dis là, exprime non seulement mon opinion, mais bien encore celle de nombreux magistrats et des membres des barreaux d'Algérie que j'ai souvent entendus à l'issue d'une audience d'assises manifester hautement leur indignation.

Je le repète, j'espère que les exemples que je vais citer, appelleront particulièrement votre attention sur les réformes qui s'imposent dans cette branche de la Justice.

Prenons une session d'Assises, et établissons un parallèle entre les résultats d'une affaire arabe et d'une affaire européenne identiques.

Un Mr X. est traduit devant la Cour d'Assises en Août 1890 sous l'accusation d'assassinat sur la personne d'un européen comme lui.

Les antécédents sont déplorables, il avait déjà tenté de donner la mort dans d'autres circonstances à un Indigène et à un français.

Il reconnait le crime, mais prétend avoir été provoqué à le commettre par un coup de poing que lui aurait porté sa victime; les témoins, français dignes de foi, lui donnent un dementi formel sur la provocation qu'il allègue, et même l'un d'eux ajoute que loin de manifester le repentir, l'accusé qui avait enfoncé son couteau dans le ventre de la victime aurait tenu le propos suivant: « Si tu n'en as pas assez il y en a encore pour toi. » en s'adressant à la victime étendue à terre et mourante.

Ces faits révoltants méritaient une peine sévère; il s'est trouvé pourtant un jury pour rapporter un verdict d'acquittement.

Le même jour, et devant la même Cour, comparait un Indigène accusé d'assassinat sur la personne d'un de ses congénères au cours d'une fête nocturne.

Il nie les faits, excipe d'un alibi, et n'est accusé que par les parents de la victime, témoins intéressés.

Le Jury rapporte un verdict affirmatif, et l'Indigène est condamné à la peine capitale.

Dans une autre session, deux voleurs sont déférés à la Cour d'assises.

L'un français, employé d'une compagnie financière, est accusé d'avoir commis successivement plusieurs détournements au préjudice de cette compagnie à l'aide de fausses écritures.

Il reconnait les faits à l'instruction, avoue son crime à l'audience, et cependant il est acquitté et sort du Palais la tête haute.

Le second, un Arabe, accusé d'avoir volé à l'aide d'effraction, mais en plein jour au préjudice d'un cantonnier, et en son absence, un fusil, estimé 40 francs et un porte-monnaie contenant 1 fr. 65 comparait devant la Cour.

Il nie le crime, et le Jury rapporte un verdict affirmatif tant sur la question principale que sur les circonstances aggravantes qu'il mitige cependant par les circonstances atténuantes.

L'Arabe est condamné par la cour à six ans de travaux forcés.

J'ai encore d'autres exemples :

Un Européen est déféré à la Cour d'assises pour avoir donné la mort à sa femme, et à celui qu'il soupçonnait d'en être l'amant sans les avoir surpris toutefois « flagrante délicto » mais bien sur de simples présomptions.

Le Jury rapporte un verdict négatif, et l'accusé est acquitté.

Quelques mois plus tard, deux indigènes sont déférés à la Cour d'assises sous l'accusation de meurtre et de tentative de meurtre, sur leur femme respective.

Ils commettent le crime quelques jours après l'acquittement de l'Européen dont je viens de parler et prétendent tous deux avoir surpris leur victime en conversation criminelle.

Les faits d'adultère paraissent établis pour l'un d'eux au moins, et il est condamné à un an de prison, et l'autre à cinq années de réclusion.

Je pourrai multiplier les exemples, mais je m'arrête, car je pense vous avoir suffisamment édifiés, et et les observations que je viens de faire, suffiront, je l'espère, pour justifier votre adhésion aux réformes que je vais proposer.

D'où vient donc cette double balance ? Comment expliquer ces divergences, ces antithèses ?

Elles ne peuvent qu'être le résultat de l'opposition d'intérêts entre le Juge et le justiciable.

Ne serez-vous pas, Messieurs, comme moi, indignés et ne croyez-vous pas que la Justice répressive administrée dans de semblables conditions ne doive pas être qualifiée de distributive ?

Ne doit-elle pas aussi nécessairement être déconsidérée aux yeux des indigènes ?

Et lorsque l'Indigène vous montre avec quelle injustice (le mot n'est pas trop fort), le traitent ceux auxquels la loi a confié son honneur, sa liberté et sa vie; qu'il vous réclame des réformes immédiates, on le taxe volontiers de mauvaise foi et d'ingratitude.

L'Arabe, si on le veut, peut être traité avec sévérité; mais il a droit avant tout à la justice tout entière; ses juges doivent examiner avec la plus scrupuleuse attention les charges qui sont relevées contre lui, tenir compte de ses mœurs et de son infériorité morale et prononcer sur son sort sans parti pris, sans arrière pensée.

Cependant, « Vœ Victis ! » tel semble être bien souvent en Cour d'assises, le sentiment qui guide les Jurés, dans leurs décisions, sentiment d'autant plus dangereux qu'il est généralement inconscient, je me plais à le reconnaître.

Aussi les réclamations des Indigènes semblent fondées, lorsqu'ils demandent à être jugés eux aussi par leurs pairs toutes les fois que l'accusé et la victime d'un crime seront arabes et lorsqu'il s'agira d'un crime mixte, si je puis m'exprimer ainsi, c'est à dire d'un crime où l'accusé est un Indigène et la victime française, ou vice versa; ils désirent que le jury du jugement soit composé de deux éléments, arabe et français.

§ 3. Lois d'Exception applicables aux Indigènes.

Je ne croirais pas avoir entièrement rempli le cadre que je me suis tracé en vue des réformes à apporter à l'Administration de la Justice répressive, si je ne disais quelques mots sur les lois d'exception concernant l'Indigénat, le séquestre et la responsabilité collective.

Ces lois qui avaient leur raison d'être au début de la conquête sont surannées aujourd'hui, elles ont le grand tort de donner prise à l'arbitraire et de faire le jeu de quelques rancunes personnelles.

Des mesures de cette nature s'expliquent et se justifient à une époque troublée, au temps d'insurrection;

elles doivent disparaître dès que le pays semble suffisament pacifié et la domination du vainqueur définitivement assise.

Supprimons donc les derniers vestiges de cette justice sommaire, qui ne peut avoir d'autre effet actuellement que de déconsidérer la France aux yeux de la population Musulmanne.

Il faut enlever aux Cheiks le moyen d'exercer des vengeances personnelles à l'égard de leurs administrés en signalant parfois des contraventions qui n'existent pas, et qui vaudront à l'inculpé innocent une condamnation à cinq jours de prison et 15 fr. d'amende.

On sait en effet que les contraventions de l'Indigénat sont punies par les administrateurs sur la seule foi du rapport du Cheik sans contrôle aucun, sans même que leur auteur ait été entendu par ce fonctionnaire.

Je suis heureux de me trouver d'accord sur ce point avec M. le Gouverneur Général de l'Algérie, qui, déjà à la date du 12 septembre 1882, transmettait à ses subordonnés une circulaire dont je détache les passages suivants.

« L'examen, dit ce haut fonctionnaire, du relevé « des condamnations m'a permis de constater chez « certains administrateurs une propension à abuser « des pouvoirs disciplinaires, chez quelques-uns une « tendance à frapper du maximum de la peine et no« tamment du maximum de l'amende, des contraven« tions de peu d'importance qui avaient le caractère « plutôt d'une simple négligence que celui d'un acte « d'indiscipline ou de mauvais vouloir...

« Les administrateurs doivent se pénétrer de ce « principe, que la loi du 28 Juin 1881 n'a pas pour « objectif de porter atteinte à la liberté des Indigènes « mais, seulement de permettre la répression immé« diate des actes de nature à troubler l'ordre dans « les douars, à compromettre l'autorité des chefs ap« pelés à surveiller ces populations...

« Un bon administrateur n'hésitera pas à pardon-

« ner une infraction légère à un indigène notoire-
« ment connu pour sa bonne conduite et son esprit
« de discipline...

« Les infractions à l'Indigénat sont constatées par
« les agents indigènes ; l'administrateur, *le plus sou-*
« *vent obligé d'ajouter foi à leurs rapports* et de
« prendre toute la responsabilité de la punition com-
« prendra la nécessité de ne présenter pour ces em-
« plois, que des hommes d'une intégrité connue... »

Ces quelques lignes, bien que conçues dans des termes habilement voilés ne laissent, par là-même, aucun doute sur la nécessité de réformer cette partie des attributions du pouvoir administratif dans les communes mixtes.

Il serait utile d'enlever la connaissance de ces infractions aux fonctionnaires, pour la réserver aux tribunaux ordinaires ; ce sera une garantie donnée aux Indigènes et un sûr moyen d'arriver à une bonne justice.

Les observations que je viens de faire au sujet de la loi sur l'indigénat, s'appliquent également à la responsabilité collective et au séquestre.

Comme la première, ces mesures de répression sont souvent appliquées aux Arabes sans raison aucune.

Il arrive parfois, en cas d'incendie de forêt par exemple, que les incendiaires pris la torche à la main, sont arrêtés par les agents indigènes et déférés à la Justice.

Malgré celà, ils sont relaxés, et le douar voisin de l'incendie est frappé d'une amende collective, et cela contrairement à l'esprit de la loi, dans un but fiscal et dans l'intention bien arrêtée de dédommager le propriétaire de la forêt incendiée.

Ma longue pratique des affaires m'autorise à espérer que vous réserverez un moment d'attention à ces diverses considérations et aux réformes que j'ai l'honneur de vous proposer.

CHAPITRE IV.

Les Impôts arabes et leur assiette

Nous ne parlerons pas ici de la perception des impôts arabes ; elle est, depuis le régime civil, confiée à des agents français relevant du service des contributions diverses et ne saurait en aucune façon être l'objet de critiques sérieuses.

Nous traiterons seulement de l'assiette de l'impôt.

Depuis la conquête on ne s'est point occupé de la base des impôts arabes ; tels on les a trouvés, tels ils sont encore répartis aujourd'hui, la France a seulement continué le régime suivi par les turcs.

Les impôts actuellement perçus chez les indigènes sont au nombre de six : l'hokor, l'achour, le zekkat, la Lezma, la taxe locative et les prestations.

L'impôt appelé hokor représente le prix du fermage dû à l'Etat pour les terres occupées par les indigènes.

L'achour est un impôt sur les grains.

Le zekkat est un impôt établi sur les bestiaux, et il est fixé par chaque tête de bétail.

La Lezma est une sorte de capitation prélévée surtout en Kabylie et sur les palmiers du Saharah (désert).

Ces quatre premières espèces d'impôts se composent de principal et de centimes additionnels ; ces derniers sont fixés chaque année par un arrêté de M. le Gouverneur général tandis que le principal est invariable, du moins dans le département de Constantine.

Le principal est, pour l'hokor, de vingt francs, et pour l'achour de vingt-cinq francs ; quant à celui du zekkat, il est de trois francs par tête bovine, de vingt centimes par tête ovine et de vingt-cinq centimes par tête caprine.

Les centimes additionnels sont ordinairement arrêtés à quatre francs quarante centimes pour l'hokor cinq francs cinquante, pour l'achour, à soixante-six centimes par bœuf ou vache, à quarante-quatre millimes par mouton et cinquante-cinq millimes par chèvre et s'élèvent au total à vingt-deux francs pour cent.

Tel que je l'indique, l'impôt arabe est écrasant pour les indigènes ; il est au surplus augmenté des centimes additionnels dont nous contestons la légitimité.

Ces centimes additionnels ont été en effet créés dans le but de faire face aux dépenses d'utilité commune spéciales aux tribus.

La nature de ces dépenses a fait l'objet d'un arrêté ministériel du 30 juillet 1885 et de la loi du 26 juillet 1873 qui la définissent clairement.

Ces dépenses comprenaient :

1°. Les frais de bureau et une indemnité au Receveur comptable; 2°, l'ouverture et l'entretien des voies de communication dans les tribus; 3°, la construction de mosquées, puits, écoles, fontaines, abreuvoirs, et de tous édifices ayant un caractère communal ; 4°, les frais nécessités par l'instruction primaire, par le culte et par la justice; 5°, le traitement des cantonniers indigènes ; 6°, l'entretien d'élèves dans les medersaas et à l'école de médecine; 7°, les frais de médicaments et d'assistance publique ; 8°, en un mot, toutes les dépenses d'utilité favorisant l'intérêt collectif des tribus, c'est-à-dire la constitution de la propriété.

Il n'a été fait aucun des travaux prévus par l'arrêté ministériel sus-visé, et il n'existe dans aucun douar, de ce département au moins, ni voies de communications, ni écoles, ni fontaines, ni médicaments, ni puits etc. Que penser, dès lors des centimes additionnels que l'arabe paie depuis 1855 avec une affectation déterminée ? N'est-on point amené à croire que ces centimes ont été détournés de leur affectation légale et que c'est sans raisons légitimes que l'arabe paie ce supplément d'impôt dont il serait en droit de demander compte à l'administration ?

Mais il ne suffit pas que l'impôt arabe soit écrasant, puisqu'un indigène qui possède 5 vaches, 20 moutons,

10 chèvres, et cultive 10 hectares de terre paie une taxe de 81 francs 15 centimes, mais il est aussi réparti sans équité.

En effet l'impôt perçu sur les cultures comprend l'hokor et l'achour ; il est calculé par djebda ou charrue de labour, et chaque charrue est imposée pour une somme de 54 francs 90 centimes.

Tout d'abord, on se demande ce qu'est une charrue c'est ce qu'il eut été logique de déterminer dans chaque contrée, mais on s'est borné à adopter le terme arabe sans considérer que cette expression désigne des contenances essentiellement variables suivant les contrées, suivant la nature du sol, suivant l'orographie de la région.

Il suffisait qu'il fût constaté que l'indigène avait sa charrue, c'est-à-dire un attelage de deux colliers, et qu'il avait gratté une surface quelconque du sol, pour qu'on l'imposât de la somme invariable de 54 francs 90 centimes.

Or, il existe des contrées où la surface cultivée par une charrue est de vingt hectares, d'autres, où elle n'est que de douze hectares, et enfin dans certains territoires, elle varie entre huit et dix hectares.

Dans ces conditions est-il juste de faire payer le même impôt au fellah qui a cultivé huit hectares, et à celui qui en a cultivé vingt ?

Il n'est pas douteux que ce mode de répartition soit absolument inique.

Examinons, maintenant, combien cet impôt est onéreux pour l'indigène.

Le rendement moyen d'une charrue est de deux cents doubles décalitres en blé, et de quatre-vingts doubles en orge, l'arabe vend sa récolte en raison de la concurrence des blés étrangers qui entrent en France, au prix de 3 francs 50 centimes le double décalitre de blé ; et de 1 franc 50 centimes l'orge ce qui lui donne un prix total pour sa récolte de 820 francs.

Sur cette modique somme, l'indigène paie 54 francs 90 centimes d'impôt, un fermage de 300 francs environ ; de sorte qu'il lui reste pour vivre et faire vivre une famille parfois nombreuse, une somme de 460 francs.

Il est vrai que depuis longtemps déjà, l'arabe est arbitrairement imposé de la taxe hokor soit 24 francs 40 centimes, qui représente la location dûe à l'Etat ; je dis arbitrairement parce que l'indigène devenu légalement propriétaire de sa terre, depuis l'application de la loi du 26 Juillet 1873, ne devrait plus être imposé à l'hokor.

Mais s'il n'y avait que cette anomalie, je n'aurais point songé à demander des modifications à la répartition de l'impôt.

Il est un autre motif plus sérieux qui nous a fait étudier cette question du programme algérien, c'est le mode que l'on a adopté pour établir l'assiette de l'impôt et qui nous semble défectueux et ruineux pour l'arabe. Voici comment on procède.

Des agents de l'administration, appelés autrefois recenseurs, et aujourd'hui, répartiteurs, attachés au service des contributions directes sont chargés de procéder à la détermination de l'assiette.

La circonscription de répartition pour chaque agent, a une étendue d'environ trois cents milles hectares.

Vers la fin de chaque année, les cheiks des douars (sortes d'adjoints de section) dressent une liste sur laquelle ils portent les contribuables de leur territoire et les matières imposables possédées par chacun d'eux. Sur le vu de cette liste, le répartiteur en tournée, après avoir, pour la forme interrogé le contribuable, arrête son bulletin, sur lequel sont consignées ses déclarations.

Cet agent, rentré dans sa résidence compare aussitôt les déclarations des contribuables, avec celles du cheik. S'il existe des différences, au lieu de se transporter sur les lieux pour faire son contrôle, il se borne à adopter les données du cheik.

De sorte que l'indigène est fort étonné, lorsqu'il reçoit son avertissement, de trouver ses matières imposables doublées, et voire même quelques fois triplées.

Il a d'ailleurs le droit d'adresser une réclamation

au Préfet, lorsqu'il se croit surtaxé, et c'est toujours ce qu'il s'empresse de faire.

Mais de quelle utilité peut être pour lui cette plainte, et quels résultats peut-il en espérer, étant donnée la façon dont-elle est instruite, pour être soumise ensuite à l'examen du conseil de préfecture appelé à la juger ?

En effet, aussitôt la réclamation parvenue au secrétariat de la préfecture, elle est transmise, par le bureau compétant au directeur des contributions directes pour renseignements et avis ; celui-ci, avant d'emettre son opinion, la communique au répartiteur intéressé pour fournir des explications, et dire quelle suite elle comporte.

Cet agent, tout naturellement, ne viendra pas au moyen d'un avis favorable, reconnaître qu'il a mal fait son travail ; aussi répond-il invariablement que l'auteur de la réclamation possédait réellement les matières pour lesquelles il l'a imposé.

Le chef de service sans plus ample information adopte les conclusions de son agent et transmet, avec avis conforme, le dossier au président du conseil de préfecture.

Le jour de l'audience, ce conseil du contentieux examine, toujours pour la forme, le dossier qui lui est soumis et, ne possédant aucun moyen de contrôle, le plaignant ne pouvant se rendre à ce tribunal administratif dont il est éloigné parfois de trois et quatre cents kilomètres, rend un arrêté aux termes duquel il est toujours dit que le conseil adoptant les conclusions du directeur des contributions directes, rejette la réclamation comme mal fondée.

De telle sorte que la pétition de l'indigène après avoir passé par une série de rouages administratifs se trouve en somme jugée par le répartiteur qui est dans l'espèce juge et partie tout à la fois.

Voilà, Messieurs, le rouage défectueux de notre administration.

La faute incombe-t-elle aux agents chargés du contrôle ? Non ; elle est dans l'organisation même de ce contrôle, et, c'est cette organisation qu'il importe de réformer.

Ceci dit, je reviens aux listes dressées par les Cheikhs et qui constituent en réalité l'assiette de l'impôt, car il est rare que le répartiteur leur fasse subir des modifications.

Cet agent de répartition, dans l'impossibilité absolue de vérifier par lui-même les réclamations des contribuables, vu l'étendue immense de son contrôle, se trouve dans l'obligation de se fier au préposé indigène de l'administration, au cheikh, dans lequel il n'a cependant pas confiance ; c'est là l'opinion de tous les répartiteurs en général, qui sont persuadés que les cheiks les trompent en matière d'impositions.

Le cheikh, en effet est souvent guidé dans l'établissement des listes dont j'ai parlé plus haut, soit par des sentiments d'inimitié à l'encontre de certains de ses administrés soit aussi par la corruption.

Journellement on relève à la charge de ces agents des faits de concussion bien évidente, mais que le plus souvent on néglige de poursuivre.

Avec ce mode de répartition, et grâce aux procédés absolument déloyaux employés par la majeure partie des Cheikhs, il arrive qu'un indigène possédant, par exemple, 300 têtes de gros bétail n'est porté sur les bulletins de l'administration, à la suite de l'entente collusoire intervenue entre lui et le cheikh que comme n'en possédant que cent ; tandis que le voisin qui ne possède qu'un maigre troupeau est recensé comme en ayant un trois fois plus considérable, afin qu'il s'établisse ainsi une compension, et que le total des matières imposables du douar soit toujours égal à celui des années précédentes.

Cette façon de répartir l'impôt, étant donné le cas que l'on fait des réclamations de celui qui se plaint d'une surtaxe, amène nécessairement et infailliblement la ruine complète de l'indigène dont le cheikh a triplé l'imposition réelle.

Vous le voyez, Messieurs, il est temps de mettre un terme à ces abus, mais l'administration répond qu'il est impossible, malgré une surveillance vigilante d'arrêter la corruption chez les cheikhs.

Cependant, il est un moyen fort simple c'est de se passer de l'immixtion du cheikh dans la fixation de l'impôt ; et pour arriver à ce résultat, il faudrait changer l'impôt arabe, contre un impôt qui, sans léser le trésor, admettrait une répartition plus équitable.

On pourrait, en effet, remplacer les impots hokor, achour et zeckkat par un impôt qui serait établi sur la terre même, et non sur le revenu, comme l'impôt foncier.

On connait aujourd'hui la sarface d'un douar, et il est facile d'imposer, par exemple, les terres de culture à raison de 6 francs l'hectare, les jardins à 10 francs l'hectare, les broussailles à 1 franc l'hectare et enfin les prairies à raison de 2 francs l'hectare.

Ce mode de répartition serait très juste et très avantageux pour les contribuables, chaque indigène ne pourrait plus être imposé que pour une matière qu'il possède réellement et se verrait ainsi à l'abri des vexations des cheikhs et de leur corruptiblité.

Le fisc lui-même y gagnerait, car l'impôt ne porterait plus sur des matières essentiellement meubles et aléatoires, mais bien sur une matière fixe et sûre.

Pour mieux vous mettre à même d'apprécier la valeur de ma proposition, je vais vous indiquer l'imposition payée par un douar du département d'après la répartition actuellement en vigueur, et celle qu'il paierait d'après le mode que j'ai l'honneur de soumettre à votre examen.

Je prends au hasard le douar Dramena, situé dans la commune mixte des Béni-Salah, arrondissement de Bône, dont les habitants ont été imposés pour l'année 1891 de la taxe suivante :

80 1/2 charrues, hokor à 24 f. 40, ci	1964 f. 20
89 charrues, achour à 30 f. 50, ci	2714 « 50
1109 moutons à 0 f. 244, ci	270 « 60
2450 chèvres à 0 f. 306, ci.	750 « »
1286 têtes bovines à 3 f. 66, ci	4706 « 76
	10.406 « 06

De ce tableau, il ressort que le douar Dramena a payé cette année une somme de dix mille quatre cent-six francs six centimes pour impôts arabes fixée d'après la répartition actuelle.

Examinons maintenant ce que le même douar aurait à payer d'après les bases nouvelles que je propose pour l'assiette de l'impôt.

Ce territoire comprend d'après les renseignements officiels :

1510 hectares 89 ares de terre de culture ;
214 hectares de pâture ;
428 hectares 97 ares de broussailles ;
50 hectares 46 ares de jardins ;

Si nous taxons ces matières d'après le tarif que j'ai indiqué ci-dessus nous obtenons les chiffres suivants :

1510 hectares 89 ares de terre de culture à 6 francs, donnant.	9065 f. 34
214 hectares de pâture, à 2 francs, donnant . .	428 « «
428 hect. 97 ares de broussailles, à 1 f., donnant .	428 « 97
50 hect. 46 ares de jardins, à 10 f., donnant . .	504 « 60
	10.426 « 91

Il résulte de ce tableau que le douar de Dramena aurait à payer une somme totale de 10.426 fr. 91.

De la comparaison de ces deux tableaux, qui mettent en relief les deux systèmes d'impôts arabes, nous constatons que le trésor n'est point lésé par le dernier mode de répartition dont je propose l'adoption et nous y trouvons un grand avantage pour le contribuable, qui ne sera plus, comme je l'ai dit, à la merci des adjoints indigènes chargés de préparer l'assiette de l'impôt. De plus ce dernier mode d'imposition constitue une assiette des impôts arabes fixe et stable, au lieu que la première est absolument aléatoire.

Telles sont les observations que je crois devoir faire dans l'intérêt de mes compatriotes, sur les réformes à apporter à l'assiette des impôts arabes afin d'éviter les abus de toutes sortes auxquelles elle donne naissance.

CHAPITRE V.

Constitution de la propriété individuelle et ses Effets.

Depuis cinquante ans environ, la France s'occupe sans relâche de la constitution de la propriété immobilière en Algérie; Tous les efforts du Gouvernement ont eu pour but d'asseoir sur des bases solides la propriété du sol occupé par l'Indigène afin de le mieux fixer à la terre.

On a compris que cette question tenait tout aussi bien au côté économique qu'au côté politique du pays.

Des ordonnances et des lois ont successivement réglé cette matière, c'est l'ordonnance du 1er octobre 1844; c'est la loi du 16 juin 1851.

Plus tard, le Sénatus-Consulte du 22 avril 1863 déclare les tribus propriétaires des territoires dont elles avaient la jouissance permanente et traditionnelle.

Cette loi sur la propriété était fort sage; elle maintenait le communisme chez l'arabe et le mettait à l'abri de la spoliation.

D'ailleurs, en 1832, on avait déjà prévu la spoliation des Indigènes par les spéculateurs, et on avait interdit la liberté des transactions, entre Arabes et Européens.

Mais malheureusement cette mesure fut impuissante; la spéculation immobilière ne fit que grandir.

Néanmoins, l'application du Sénatus-Consulte fut poursuivie sur tout le territoire de l'Algérie, et eut pour résultat, la délimitation des tribus et des douars, celles des biens privés d'avec les propriétés communales et les forêts de l'Etat.

A ce point de vue, on ne peut que se louer de cette mesure législative qui enleva à la propriété immobilière le caractère trop précaire qu'elle avait eu jusqu'alors, tout en maintenant les Arabes dans l'état de propriétaires collectifs qui ne leur permettait ni de grever, ni d'aliéner leur terre.

Mais plus tard on oublia le souci légitime qui avait d'abord engagé le législateur à consacrer cet état d'indivision dont le grand avantage était de protéger l'Indigène contre la rapacité des usuriers pour ne songer qu'à l'extension de la Colonisation européenne.

Pour atteindre ce dernier but, il fallait à tout prix des terres à distribuer à ceux qui émigraient en en masse dans ce pays, et on ne pouvait les obtenir qu'au moyen de l'établissement de la propriété individuelle.

L'Etat, au moyen de cette opération prenait possession des biens vacants et sans maîtres qui se trouvaient dans le douar bien que la collectivité fut propriétaire de toutes les terres par le Sénatus-Consulte, il trouvait ainsi le premier noyau des terres à céder à la Colonisation, et au moyen de l'expropriation forcée, il complétait le territoire nécessaire à la création des centres européens.

C'est dans ces conditions qu'on fit la loi du 26 Juillet 1873 qui eut pour but de faire sortir les membres composant la collectivité de l'indivision fort sage dans laquelle les avait placés le Sénatus-Consulte du 22 avril 1863; et elle ordonna la constitution de la propriété individuelle dans les douars occupés par les Indigènes.

Cette loi prescrivait un système trop compliqué et un luxe de formalités qui augmentait les frais sans garantir l'Arabe contre les spéculations dont il était l'objet.

On ne saurait, certes, contester la nécessité et l'utilité d'une loi analogue chez un peuple déjà sorti de l'enfance et arrivé à un degré de développement tel qu'il puisse administrer son patrimoine sans aucun risque; mais ce que l'on ne saurait davantage nier, c'est que l'application de la loi de 1873 en territoires indigènes a été la ruine de la population arabe qu'elle a jetée dans un état de misère complète.

Tutrice volontaire de l'Indigène, l'Administration française pouvait-elle, sans inconvénients graves pour ce peuple qu'elle n'a pas encore émancipé au moyen d'une instruction solide, pouvait-elle, dis-je, donner la gestion de son patrimoine à ce mineur, sans restriction aucune et sans se réserver un droit de surveillance et de veto. Devait-elle, lui délivrer un titre lui conférant la propriété de la terre, dont le Sénatus-Consulte ne lui avait donné que l'usufruit, et partant l'autoriser à grever et obérer son immeuble en dehors de son concours ?

Certes, non ! et, il eut été plus sage de le préserver par un moyen quelconque, contre la spoliation à laquelle le conduisait fatalement la loi du 26 Juillet 1873.

Les exemples nombreux qu'offrent les douars où cette loi a reçu son exécution suffisent pour justifier nos craintes.

On peut en effet, constater facilement au moyen d'une vérification que l'Arabe nanti d'un titre de propriété d'une terre dont il n'avait eu jusqu'alors que la jouissance, a été immédiatement circonvenu, par la phalange des usuriers et des spéculateurs, malheureusement trop nombreux en Algérie ; ils lui ouvrent leur caisse, lui consentent à des taux plus que ruineux des prêts hypothécaires, et le dépouillent ensuite par la vente forcée de ses biens, soit qu'il n'ait pu satisfaire au paiement d'intérêts trop élevés soit qu'il n'ait pu rembourser le capital à son échéance.

Dans ces conditions, l'Indigène, d'abord propriétaire du sol en est devenu le locataire, au prix d'un fermage écrasant, (30 francs l'hectare).

Il est l'instrument de ces usuriers qui possèdent entre les mains aujourd'hui toute la richesse du peuple conquis après avoir profité, dans une large mesure, de la faiblesse de caractère de la victime que lui a livrée sans défense la loi sus-visée.

Avec ce système, et étant donnés les agissements déloyaux des spéculateurs, des douars entiers sont devenus la propriété exclusive de quelques usuriers.

Ce sont là des faits que je cite, et, certes, il sera facile d'en vérifier l'exactitude et de s'assurer de la réalité de ce que j'avance.

Il suffit d'ailleurs, de consulter à ce sujet les chefs actuels de notre administration, Préfets et Sous-Préfets, et tous, ou presque tous, emettront en l'appuyant des motifs que je viens de donner un avis défavorable à la constitution de la propriété individuelle.

Les rapports transmis à ce sujet par ces autorités au Gouvernement Général confirment mon opinion et constituent une enquête toute faite.

Et maintenant que nous avons touché du doigt la plaie qui ronge la population musulmane, nous devons nous demander quel est le remède efficace à y appliquer.

On ne peut nier que la constitution de la propriété soit une marque de sollicitude quo la France a voulu donner à l'Indigène, mais malheureusement elle a oublié l'état de minorité de ce peuple et elle l'a imprudemment livré ainsi à l'avidité des tiers.

La propriété une fois constituée, le Gouvernement aurait dû, comme en 1832, interdire pendant une certaine, période que la loi de 1873 aurait pu déterminer, les transactions immobilières entre Arabes et Européens sans l'adhésion de l'administration; l'Etat aurait ainsi concilié l'intérêt de la colonisation et celui de l'Indigène.

Le propriétaire arabe, dans ces conditions n'aurait pu faire librement que des actes de pure administration, il ne se serait pas engagé dans la voie périlleuse des emprunts et ne se serait pas exposé aux ventes forcées qui en sont la conséquence nécessaire.

Cette mesure qui a été prise, je le répète en 1832 ainsi que cela résulte d'un arrêté de Monsieur l'Intendant civil, le baron Pichon, en date du 7 mai 1832 aurait pu se continuer dans la loi sus-visée de 1873; et au lieu de voir l'Indigène aujourd'hui réduit à une misère qu'il répugne de dépeindre, on le trouverait, au contraire, vivant dans l'aisance et la prospérité, et celà pour le plus grand bien de la colonisation, de la Colonie et de la France.

On pourrait donc continuer l'application de la loi de 1873 sur la constitution de la propriété individuelle, mais en mettant l'Indigène dans la situation d'un prodigue muni d'un conseil judiciaire, c'est-à-dire, en lui enlevant le droit de disposer à son gré du lot qui lui serait imparti, ce qui serait remettre purement, simplement en vigueur l'arrêté Pichon sus-visé. Le but purement fiscal de la loi de 1873 serait ainsi atteint et l'Indigène sauvé d'une ruine imminente. Ce mineur a besoin d'être garanti contre ses propres faiblesses.

CHAPITRE VI

Représentation des Musulmans dans les assemblées électives.

Le principe de la représentation du pays conquis au sein des Assemblées de la nation victorieuse a une origine fort ancienne.

Après la conquête de la Gaule par César, celle-ci a eu ses délégués chargés d'exposer ses griefs à l'Empereur.

Cela avait lieu chaque année au moment de la célébration des fêtes du culte d'Auguste dans une assemblée qui se tenait près de Lyon où tout le peuple Romain était représenté.

On ne trouvera donc pas étrange que les Indigènes à l'exemple des Gaulois demandent aujourd'hui à être représentés dans toutes les assemblées de la République.

Cependant cette question de votre programme a soulevé dans la presse algérienne un tollé général.

C'est ainsi que dans un article inséré dans une

feuille locale j'ai lu les passages suivants que je cite textuellement ici :

« Engager les Indigènes plus avant dans la voie de « l'éducation politique est périlleux pour la Colonie « dans l'avenir, dans le présent ce serait mettre la « députation aux enchères de la tourbe indigène, « noyant les votes européens...

« Si cette faute politique pouvait être commise, il « n'y aurait plus de raison pour refuser aux Indigè- « nes leurs députés qui, placés en face de l'Islam, « logiquement devraient voter de suite l'évacuation « de l'Algérie par les Européens...

Et cet article conclut :

« que devant une telle proposition l'esprit se perd et « la raison reste confondue...

« En l'état de cause il apparait que les Indigènes « sont en nombre suffisant dans nos assemblées pour « y voir sauvegarder leurs droits civils n'ayant pas à « sauvegarder de droits politiques.

Cette théorie qui, au fond, ne manque pas de justesse, n'a que le tort d'être prématurée.

En effet, au lieu de s'indigner sans raison, l'auteur de ces quelques lignes aurait bien dû se renseigner sur le vœu des Arabes au sujet de cette question et il eût certes acquis la certitude que les indigènes n'ont pas la prétention de *participer aux élections françaises*, mais qu'ils expriment seulement le désir d'envoyer des représentants par eux nommés et chargés de défendre leurs intérêts au sein de toutes les assemblées nationales

C'est là un désir que la France libérale et démocratique ne manquera pas de satisfaire.

Pénétré de la légitimité de cette demande, l'écrivain de l'article sus-relaté n'eût pas manqué de l'appuyer et de concourir à sa réussite, j'en ai l'intime conviction.

Nous comprenons d'ailleurs les craintes actuelles de la Presse et nous en reconnaissons le bien fondé étant donné le caractère aléatoire du suffrage universel depuis la naturalisation en masse des Israëlites.

L'Indigène est déja en vertu du décret du dix septembre 1874 *régulièrement représenté* au sein des conseils municipaux ; ses mandataires sont par lui nommés au suffrage universel ; il est également, mais non légalement, représenté dans les conseils généraux par des conseillers assesseurs nommés par le Gouvernement; il demande aujourd'hui à ce que ce décret soit rendu applicable aux conseils généraux, au Conseil supérieur du Gouvernement, à la Chambre et au Sénat.

Mais, dira-t-on pourquoi cette requête des Indigènes? Quel en est le motif et dans quel but réclament-ils cette extension du décret de 1874?

La raison en est fort simple, c'est qu'au sein de ces assemblées souvent leurs intérêts sont en jeu et sacrifiés faute de défense.

On objectera également qu'à la Chambre et au Sénat ils sont suffisamment représentés par les Députés et les Sénateurs de l'Algérie; que leurs intérêts sont aussi absolument sauvegardés.

Mais il faut reconnaître que si la chose est vraie, que s'il est certain à vos yeux, que les députés, les élus de l'Algérie aient toujours agi à la Chambre comme au Sénat, dans les questions intéressant la colonie, avec la plus grande impartialité envers les Indigènes; que s'il est indéniable que ces représentants se soient toujours appliqués à associer les intérêts du colon et de l'arabe, ce dernier n'en est pas moins en droit de suspecter la bonne foi des délégués du premier, chaque fois que ses intérêts se trouvent en opposition avec les prétentions du colon.

Accorder à l'Indigène le droit de représentation à la Chambre et au Sénat ne sera donc que leur procurer une satisfaction purement personnelle sans aucun préjudice pour l'influence ou la prépondérance de la France.

J'ajouterai qu'inviter l'Indigène à prendre part, Messieurs, à vos discussions parlementaires, à s'immiscer dans vos affaires d'Etat, sera assurément la plus grande marque d'estime dont puisse l'honorer la

Nation Française; ce sera le plus sûr moyen de vous le concilier, de l'attacher à vous et de l'amener à cette assimilation que vous poursuivez avec tant d'ardeur.

Le séjour forcé en France, la grande vie parisienne, son admission dans les grandes cérémonies, dans les cercles politiques et dans les salons ministériels, détermineront chez l'indigène une conversion complète. Il appellera sa famille à Paris, il placera ses enfants dans les institutions de l'Etat, il en fera de vrais Français.

Aussi j'en ai la certitude absolue, Messieurs, vous ne refuserez pas à l'arabe cette satisfaction qu'il sollicite depuis si longtemps et qui aura, je l'affirme, et je dois être cru, car nul mieux que moi n'est à même d'apprécier celà, qui aura dis-je, les conséquences les plus heureuses sur l'œuvre à laquelle vous travaillez.

Au cas où il en serait ainsi il faudrait étendre aux Conseils généraux, au Conseil supérieur du Gouvernement général de l'Algérie, à la Chambre et au Sénat les prescriptions du décret du 10 septembre 1874 aux termes duquel la loi du sept juillet 1874 sur l'électorat a été rendue applicable aux musulmans habitant l'Algérie.

Cette loi du sept juillet se réfère elle-même au décret du 27 décembre 1866 en ce qu'il a de relatif aux conditions imposées aux électeurs et aux éligibles indigènes ou étrangers.

Nous allons donc examiner quelles sont ces conditions et nous verrons s'il n'y a pas lieu d'y apporter certaines modifications utiles.

Aux termes du décret de 1866 sus-visé, dans son article 10, sont admis à voter, les indigènes âgés de 25 ans ayant un an de domicile dans la commune où ils requièrent leur inscription sur les listes électorales; ils devront, en outre, être propriétaires fonciers ou fermiers d'une propriété rurale, ou exercer une profession soumise à l'impôt des patentes, ou être employés de l'Etat, du Département ou de la Commune, ou être membres de la légion d'honneur, décorés de la médaille militaire ou enfin jouir d'une pension de retraite.

Les éligibles musulmans sont astreints aux mêmes conditions d'âge et de domicile et ils doivent en outre se trouver dans l'un des cas prévus par l'article 10 sus-relaté :

A ces dispositions qui nous paraissent remplir le vœu de tous, nous ne voyons aucun changement à apporter, nous pensons seulement qu'il serait indispensable d'exiger des candidats aux fonctions de conseiller, de député ou de sénateur indigène, outre les conditions ci-dessus relatées, la connaissance de la langue française.

Comme conséquence de cette proposition, le candidat indigène devra déposer, à l'appui de sa déclaration, un certificat ou un diplôme universitaire, attestant qu'il a reçu une instruction suffisante qui lui permette de suivre les discussions et de participer utilement aux votes qui se produiraient au sein des assemblées où il sera appelé à siéger.

Cette condition que nous exigerions des éligibles est dans l'intérêt même de la population arabe qui serait ainsi dignement représentée et dont les intérêts seraient sauvegardés.

En effet les indigènes se plaignent de ce que leurs représentants actuels n'aboutissent à rien dans les conseils municipaux aux séances desquels ils s'abstiennent même pour ce motif d'assister; ils attribuent cette impuissance de leurs délégués à leur infériorité considérable au sein de ces assemblées.

Erreur profonde, les Arabes en effet, aux termes de la loi du 7 Juillet 1874 sus-visés, sont représentés aux conseils municipaux dans une proportion, qui permet à leurs délégués de tenir tête et d'obtenir même une majorité pourvu qu'ils sachent s'adjoindre à certains de leurs collègues français.

Seulement, là comme aux conseils généraux, les représentants de la population indigène n'ont que très peu en vue, lorsqu'ils briguent les suffrages de leurs coréligionnaires, les intérêts de leurs électeurs.

Ils ont déjà, à ce moment, aliéné toutes leurs prérogatives et fait abandon complet du rôle qu'ils sont appelés à jouer.

A mon sens l'impuissance des conseillers municipaux indigènes est moins dans leur incompétence sur les matières qui sont débattues en leur présence et dans leur infériorité en nombre qui peut égaler le 1/3 de celui des représentants français, que dans leur ignorance de la langue française.

Il est un fait, en effet, c'est que parmi ces représentants arabes, il en est qui ne comprennent pas du tout le français ou qui le comprenant un peu ne le parlent pas assez bien pour pouvoir soutenir une discussion sérieuse.

Ceux-là qui constituent la grande majorité sont alors obligés de recourir à l'intermédiaire d'un interprète qui, souvent n'ayant subi aucun examen, manque des capacités voulues pour traduire leur pensée et qui, n'ayant jamais satisfait au serment imposé à tous les traducteurs réguliers, ne traduit quelquefois pas fidèlement les discours qui lui sont transmis par les conseillers musulmans parce qu'il est le salarié de la commune et qu'il doit sa position au chef de la municipalité dont il ne saurait contrecarrer les idées.

Les modifications ou plutôt l'addition que je propose donc d'apporter à l'art. 10 du décret sus-visé s'imposent et sont d'ordre public.

Telles sont les observations que j'avais à soumettre au point de vue de l'électorat et de la représentation des Indigènes au sein des assemblées de la nation.

Vous apprécierez Messieurs ce qu'elles ont de légitime. Vous déciderez, je l'espère, que les Arabes ont des intérêts sérieux à soutenir et vous leur procurerez les moyens de les défendre.

CHAPITRE VII.

EPILOGUE

En terminant cette étude qu'il me soit permis de dire que je n'ai pas la prétention d'avoir ouvert des horizons permettant d'assurer d'une manière efficace le succès du programme de la commission du Sénat.

Je pense seulement avoir consciencieusement et aussi fidèlement que possible indiqué le caractère de la condition faite à mes compatriotes et précisé exactement leur situation actuelle parmis vous.

C'est en conséquence et comme conclusion des thèses que j'ai soutenues dans ce travail que j'ai cru devoir proposer divers projets de réformes à apporter dans l'instruction des Indigènes, dans l'administration d'une bonne justice à la population musulmane, dans la constitution de la propriété immobilière et enfin dans la répartition équitable des impôts arabes.

Je suis convaincu que, si l'on étudie sans parti pris comme je crois l'avoir fait moi-même toutes les questions esquissées dans ce travail, on concluera que les projets de réforme que j'ai indiqués répondent bien aux besoins des Indigènes tels qu'ils existent réellement.

Il est certain que si on regarde de près on s'apercevra facilement que ce ne sont point les lois qui préjudicient aux Arabes mais seulement leur application qui donne trop souvent prise à l'arbitraire; on décidera à fortiori que c'est l'organisation administrative qui est défectueuse et on portera tous les efforts à la modifier utilement.

L'essai d'un programme algérien tel qu'il est actuellement soumis à votre examen a déjà, en 1842, fait l'objet d'une étude longue et minutieuse.

A cette époque, en effet, sur la proposition du Maréchal Bugeaud, alors Gouverneur Général de l'Algérie, on avait aussi institué une commission à Paris à l'effet d'étudier toutes les questions intéressant la Colonie et notamment la population indigène: propriété, instruction, colonisation, séquestre, régime administratif, état des arabes etc., etc...

Cette commission, comme celle d'aujourd'hui, se composait des hommes d'élite de l'époque et dont plusieurs avaient déja acquis la connaissance profonde des affaires de l'Algérie.

Après de longues et pénibles études les membres de cette première commission firent des rapports et élaborèrent des projets d'ordonnances et de lois.

Mais hélas! tous ces projets, toutes ces propositions de réorganisation des différentes branches des services publics demeurèrent à l'état de lettre morte ou, si même ils avaient été transformés en lois et ordonnances par le chef de l'Etat elles ne furent point mises à exécution grâce à l'incurie de l'administration d'alors.

Je citerai, comme exemple du fait l'ordonnance du 16 avril 1843 due à la commission dont je viens de parler et relative à l'organisation de la justice civile qui, ainsi que je l'ai fait observer, au chapitre 3 de ce travail, n'a jamais été appliquée bien que seule elle soit en vigueur en Algérie notamment au point de vue de la forme de procédure et des frais judiciaires dans les instances civiles.

Je le répète donc, les lois dont l'application répondrait aux besoins pressants de la Colonie ne font point défaut dans le code de la législation algérienne; mais elles demeurent inefficaces soit qu'on ne veuille pas les sanctionner, soit qu'on feigne ne pas les connaître.

Des réformes urgentes et sérieuses s'imposent dans le rouage administratif; les tatonnements ne sont plus possibles aujourd'hui et le passé doit être une leçon salutaire et suffisante pour arriver à quelque chose de stable et de définitif.

La Tunisie notre voisine a su largement profiter des imprudences et des fautes commises en Algérie et elle offre des exemples utiles à méditer et des leçons sérieuses qui permettront d'arrêter d'une manière sûre les bases d'une nouvelle organisation des services administratifs d'Algérie.

Il en coûte à notre orgueil algérien de faire cet aveu ; mais nous devons profiter des bons résultats obtenus par notre sœur cadette et éviter pour l'avenir, qu'on ne dise qu'elle est plus avancée que son aînée.

Nous avons une entière confiance, Messieurs, dans vos lumières, dans votre expérience et dans votre haute impartialité et tous, Indigènes ou Européens, attendons de vous des réformes que la Colonie réclame vainement depuis cinquante ans.

Un seul désir, l'émancipation par l'instruction et la prospérité d'une race à laquelle j'appartiens par ma naissance m'ont décidé à livrer à votre haute appréciation, Messieurs cette courte esquisse des réformes qui me semblent urgentes et qu'il vous appartient de provoquer.

Mon origine, mon éducation en France et ma longue expérience du pays et de ses habitants seront auprès de vous, la seule recommandation de ce travail élaboré avec toute l'impartialité de ma conscience.

L. G. KHOUDJA.

Capacitaire en Droit

Défenseur Oukil près la Mahakma de Bône.

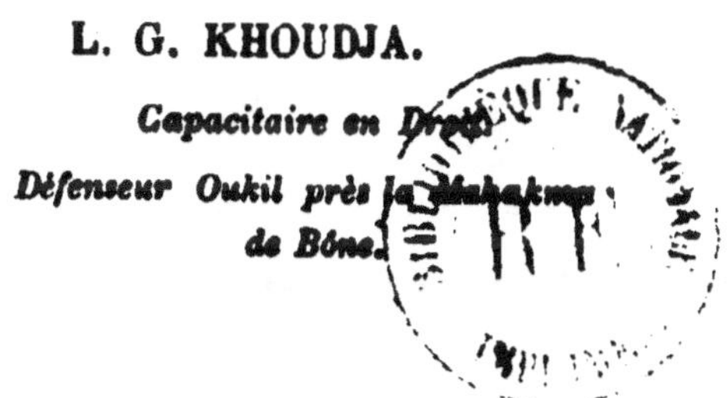

Vienne. — Imp. Girard, rue Tremeau.

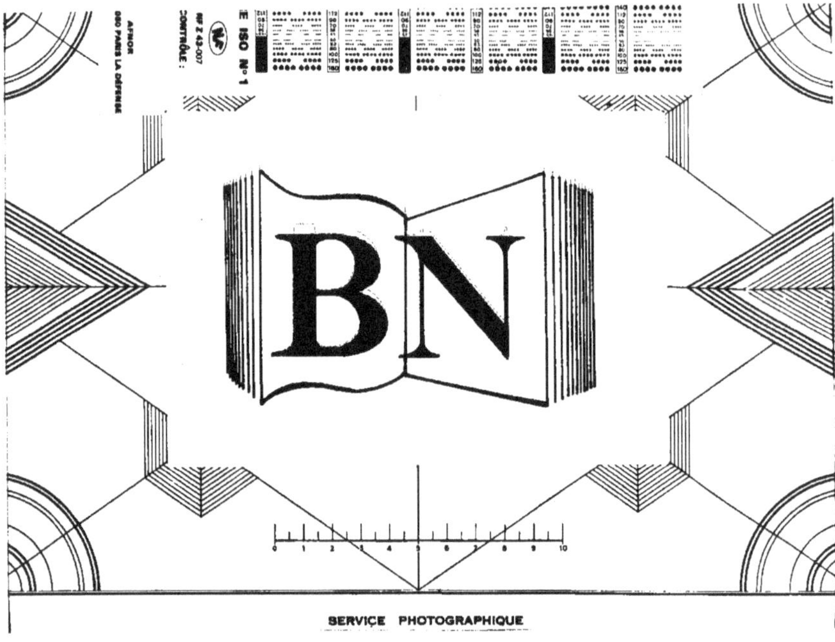
BN
SERVICE PHOTOGRAPHIQUE
AFNOR
NF Z 43-007
MIRE ISO N° 1

www.ingramcontent.com/pod-product-compliance
Lightning Source LLC
LaVergne TN
LVHW010039230826
846091LV00005B/1773

* 9 7 8 2 0 1 3 4 2 6 7 4 9 *